नारी एवं गृह–प्रबंध

खुशहाल परिवार की सृजनकार

शीला सलूजा
चुन्नीलाल सलूजा

वी एण्ड एस पब्लिशर्स

प्रकाशक

वी एण्ड एस पब्लिशर्स

F-2/16, अंसारी रोड, दरियागंज, नई दिल्ली-110002
☎ 23240026, 23240027 • फैक्स: 011-23240028
E-mail: info@vspublishers.com • *Website:* www.vspublishers.com

क्षेत्रीय कार्यालय : हैदराबाद
5-1-707/1, ब्रिज भवन (सेन्ट्रल बैंक ऑफ इण्डिया लेन के पास)
बैंक स्ट्रीट, कोटी, हैदराबाद-500 095
☎ 040-24737290
E-mail: vspublishershyd@gmail.com

शाखा : मुम्बई
जयवंत इंडस्ट्रिअल इस्टेट, 2nd फ्लोर - 222,
तारदेव रोड अपोजिट सोबो सेन्ट्रल मॉल, मुम्बई - 400 043
☎ 022-23510736
E-mail: vspublishersmum@gmail.com

फ़ॉलो करें:

हमारी सभी पुस्तकें **www.vspublishers.com** पर उपलब्ध हैं

संस्करण: 2017

मुद्रक: रेप्रो नॉलेजकास्ट लिमीटेड, ठाणे

प्रकाशकीय

आदिकाल से ही मानव सृष्टि में 'समाज' का अस्तित्व रहा है। समाज मानव जीवन और व्यवहारों को नियंत्रित करता है। 'परिवार' समाज का एक महत्त्वपूर्ण घटक है। दूसरे शब्दों में परिवार समाज की आधारिक संरचना है, एक महत्त्वपूर्ण ईकाई है। एक आदर्श समाज का निर्माण एक आदर्श परिवार के निर्माण से होता है।

एक परिवार का निर्माण, माता-पिता, पति-पत्नी, पुत्र-पुत्री, भाई-बहन आदि सदस्यों से मिलकर होता है। यदि पुरुष परिवार के भरण-पोषण के लिए उत्तरदायी होता है तो नारी, परिवार की धुरी होती है। जिसके इर्द-गिर्द परिवार के अन्य सदस्य बंधे होते हैं। एक नारी ही होती है जिससे एक आदर्श परिवार की सम्पूर्णता होती है, नारी ही होती है, जो एक कुशल गृहिणी बनकर एक आदर्श परिवार का निर्माण करती है। यह खुशहाल परिवार के पीछे नारी को सुघड़ गृहणी का रूप ही होता है।

जिस प्रकार की नारी होगी उसी प्रकार का परिवार निर्मित होगा। पुरुष संसाधन जुटा सकता है, पर उन संसाधनों का कुशल एवं रुचिकर संचालन नारी ही करती है। नारी अनेक रूपों यथा पत्नी, पुत्री, माता, सास-बहू आदि रूपों में परिवार को सजाती सँवारती है। नारी का गृहिणी रूप परिवार व समाज के लिए अत्यन्त आवश्यक है।

कुशल गृहिणी बनकर नारी अपने परिवार, अपने समाज, अपने देश व समस्त संसार की मानव जाति के लिए खुशहाली का आधार बनती है। अतः नारी का गृहिणी रूप प्रत्येक व्यक्ति के लिए नमनीय है।

इसी उद्देश्य से यह पुस्तक 'नारी एवं गृह-प्रबंध' लिखी गई है।

प्रस्तावना

परिवार की खुशहाली, सुख-समृद्धि, सामाजिक प्रतिष्ठा का केन्द्र गृहिणी है। वास्तव में गृहिणी ही वह धुरी है, जिससे परिवार के सभी सदस्य शक्ति, प्रेरणा तथा अनुकरण प्राप्त करते हैं। बच्चों के बौद्धिक विकास में वह पूरा-पूरा योगदान देती है। पति की प्रेयसी और प्रेरणा बन उसे जीवन संग्राम में संघर्षों के लिए तैयार करती है। युवा बेटी की सखी बन उसे जीवन की ऊंच-नीच से परिचित कराती है। विषम परिस्थितियों में स्वयं धैर्य और साहस के साथ उनका सामना करती है। इस विषय में कहा जाता है कि यदि संसार में नारी न होती, तो गृहिणी न होती, गृहिणी न होती, तो परिवार व्यवस्था भी न होती। पारिवारिक व्यवस्था के अभाव में सब जगह जंगलराज होता। स्पष्ट है कि गृहिणी ने ही मनुष्य को सभ्य और सुसंस्कृत बनाया है। स्त्री ने अपने विविध रूपों में पुरुष को प्रेरित किया है।

विवाह संस्था का अपना मनोवैज्ञानिक महत्व है। प्राचीन धर्मग्रंथों में इस संस्था की इतनी अच्छी व्याख्या की गई है कि लगता है, जैसे सारी व्यवस्था बड़ी सोच-समझकर बनाई गई है। गृहिणी का सेवक स्वरूप इसी व्यवस्था का एक महत्त्वपूर्ण घटक है। वह पुरुष में शक्ति संचार करने वाली है। सारी-की-सारी व्यवस्था के क्रियान्वयन में गृहिणी ही प्रमुख है। आदर्श गृहिणी के बारे में कहा जाता है कि वह पुरुष की सच्ची सलाहकार, स्नेह करने वाली, गलतियों को क्षमा करने वाली होती है।

स्मार्टनेस यानी की सयानापन नारी का आदि काल से आदर्श रहा है। उस प्राचीन समय में भी उसे उतनी ही मान्यता मिली थी, जितनी कि आज है। स्मार्टनेस का सीधा सम्बंध जीवन के व्यावहारिक पक्षों से है। नारी के इस गुण के कारण ही मध्यवर्गीय सामाजिक जीवन में सच्चे सुख की प्राप्ति होती है। पारिवारिक जीवन में स्नेह के नए स्रोत बनते हैं। पारिवारिक हितों के साथ-साथ सामाजिक हितों की सोच विकसित होती है।

इस पुस्तक में भी गृहिणी को आधुनिक जीवन शैली की धुरी के रूप में स्वीकारा गया है। समाज और परिवार में गृहिणी की भूमिका को इसलिए भी स्वीकार किया गया है कि पुरुष प्रधान सामाजिक व्यवस्था में गृहिणियों की संख्या पचास प्रतिशत के लगभग है। इतनी बड़ी संख्या और इतनी बड़ी सामाजिक व्यवस्था में उन्हें अछूता नहीं छोड़ा जा सकता। तब, जबकि आज की गृहिणी शिक्षित है, आत्म-निर्भरता के लिए संघर्षरत है। अपने सामाजिक और राजनीतिक अधिकारों के लिए जागरूक है।

आज का सामाजिक जीवन पहले से बहुत भिन्न हो गया है। समृद्ध जीवन शैली आज की सामाजिक आवश्यकता है। हमारी सोच, हमारे कार्यों, व्यवहारों का प्रभाव हमारे बच्चों एवं भविष्य पर भी पड़ता है। साथ ही हमारे स्वास्थ्य और परिवार पर पड़ता है।

आज किशोरावस्था में कदम रखते ही लड़कियों की कल्पनाएं रंगीन होने लगती हैं और वे मन-ही-मन में ख्वाबों के अनेक रंग भरने लगती हैं, परन्तु स्मार्ट हाउसवाइफ बन कर ही वे अपने इन सपनों को साकार कर सकती हैं।

वर्तमान में फैशन, ग्लैमर, सिनेमाई संस्कृति और आर्थिक सम्पन्नता के प्रभावों से हमारे परिवार अछूते नहीं रह सकते। आधुनिक जीवन शैली के विविध पक्षों ने गृहिणियों की सोच को प्रभावित किया है। वे चाहती हैं कि उन्हें अपनी इन जिज्ञासाओं के ऐसे उत्तर मिलें अथवा समाधान मिलें, जो उनकी स्मार्टनेस को प्रगतिशीलता का नया आवरण दे। उनके घर को देख कर लोग उनकी इस प्रगतिशील सोच से प्रभावित हो।

प्रगतिशीलता की इस दौड़ में आप भी किसी से कम नहीं। अपने आप को किसी के सामने हीन अथवा उपेक्षित न समझें। परिवार और समाज में आपकी प्रतिष्ठा आपकी सुघड़ता के कारण बढ़े, इन सब बातों का एकमात्र समाधान है। यह पुस्तक आपकी पारिवारिक और उससे बाहर की सफलताओं की संपूर्ण मार्गदर्शिका है।

आप अपने परिचय क्षेत्र में सफल बनें, इस बात का कदम-कदम पर ध्यान रखा गया है। दृढ़ निश्चय, आत्म-विश्वास और लगन के साथ-साथ समाज और परिवार में अपना स्थान बनाएं, इसके तमाम उपाय इसमें मौजूद हैं।

इस पुस्तक में गृहिणी के आधुनिक व्यवहारों को दिशा देने वाले प्रयास भी शामिल किए गए हैं। इससे यह पुस्तक उन सभी लड़कियों के लिए भी उपयोगी हो गई है, जिनका सपना एक सफल हाउसवाइफ बनने का है। हमारा विश्वास है कि यह पुस्तक उन गृहिणियों के लिए एक सखी, बड़ी दीदी के रूप में सहायक और शुभचिन्तक बनेगी, जिनकी नई-नई गृहस्थी बनी है।

नवविवाहिताओं को यदि उनके दहेज में इस प्रकार की पुस्तकें उपहार स्वरूप दी जाएं, तो न केवल उनका दाम्पत्य जीवन सुखी होगा, साथ ही वे परिवार के तमाम सदस्यों का भी दिल जीतने में सफल होगी।

'नारी एवं गृह-प्रबंध' का यह संस्करण गृहिणियों को असाधारण एवं विलक्षण बनाने के ठोस एवं कारगर उपायों को सुझाता है, ताकि नारी एक स्मार्ट हाउसवाइफ का रूप लेकर खुशहाल एवं सम्पन्न परिवार के निर्माण में अपनी भूमिका निभा सके।

आपके सफल गृहिणी बनने की पहल पर हमारी शुभकामनाएं।

–शीला सलूजा

–चुन्नीलाल सलूजा

विषय-सूची

अध्याय

1. गृहिणी: परिभाषा एवं स्थिति 9
2. गृहिणी: समाज का दर्पण 14
3. गृहिणी के गुण 17
4. आचरण एवं व्यवहार 31
5. गृहिणी और गृह-सज्जा 37
6. घर-इक बंगला बने न्यारा 43
7. आंतरिक सज्जा 48
8. गृहिणी के कुछ घरेलू उपकरण 53
9. गृहिणी-चौके की रानी 57
10. सौंदर्य की अभिव्यक्ति 68
11. गर्भधारण, प्रसव एवं शिशु रक्षा 76
12. वयस्कों के रोग और घरेलू इलाज 84
13. गृह-प्रबंध और मितव्ययिता का बजट 90
14. बच्चों की समस्याएं तथा समाधान 99

वास्तव में परिवार रूपी नौका की खेवनहार गृहिणी होती है। जिस प्रकार से कुशल मल्लाह अपनी नौका को नदी के थपेड़ों, लहरों, विपरीत दिशाओं की ओर से चलने वाली हवाओं व भंवर से बचाता हुआ सफलता पूर्वक सुरक्षित किनारे तक ले जाता है, उसी प्रकार से एक कुशल गृहिणी भी अपने परिवार के सदस्यों का अपने चारित्रिक, बुद्धि बल, मनोयोग, चातुर्य से अपने त्यागमय आदर्शो और युक्तिपूर्ण उपायों से अपने परिवार की नौका को थपेड़ों और भंवरों से बचाती हुई किनारे तक सुरक्षित पहुंचाती है।

लेखक की कलम से....

अध्याय 1

गृहिणी : परिभाषा एवं स्थिति

घर केवल शरीर का आवास ही नहीं होता, वह मन का मंदिर भी होता है और गृहिणी उस मंदिर की मूर्ति होती है, जिसकी पूजा होनी चाहिए।

चाणक्य ने कहा है—

सत्स्त्रिया रक्ष्यते गृहम्।

अर्थात् भली स्त्री से घर की रक्षा होती है।

इसी प्रकार यजुर्वेदीय उव्वटभाष्य में आया है—

भार्या पुत्र पौत्रदयो गृहा उच्यते।

अर्थात् भार्या, पुत्र, पौत्र आदि ही गृह कहलाते हैं।

अतः गृहिणी के व्यक्तित्व से ही गृह का निर्माण होता है, वरना वह घर नहीं सरायखाना होगा।

'यत्र नार्यस्तु पूज्यन्ते रमन्ते तत्र देवताः' अर्थात् जहां नारी की पूजा होती है, वहां देवता निवास करते हैं। इसी आदर्श को शाश्वत मानकर हमारे घरों में गृहिणी को मान-प्रतिष्ठा मिली है, उसे गृहलक्ष्मी और कुलवधू का नाम दिया गया है। यह एक शाश्वत सत्य है कि जिस समाज अथवा घर में स्त्रियों की दशा अच्छी नहीं होती, उन्हें पूरा-पूरा मान-सम्मान नहीं मिलता, उस समाज अथवा घर की स्थिति भी वैसी ही बनी रहती है। परिवार के निर्माण, विकास और प्रगति में गृहिणी की भूमिका ही प्रमुख होती है। सच तो यह है कि गृहिणी ही परिवार को बनाती, सजाती और संवारती है। गृहिणी के रूप में वह प्यार बांटती है। मां-बहन-पत्नी या प्रेमिका कोई भी रूप उसका इस खुशबू से अछूता नहीं है। गृहिणी ही जीवन को जीने के योग्य बनाती है।

नारी ईश्वर की सर्वाधिक कोमल कृति है। स्नेह की धारा उसमें इतनी प्रबल है कि उसकी तुलना संसार की किसी भी वस्तु से नहीं की जा सकती। उसकी रचना ही कुछ इस प्रकार से हुई है कि वह घर-समाज और संसार को आलोकित करती है। दुःख के कांटों को हटाकर सुख का मार्ग प्रशस्त करती है। इसलिए उसे प्रेरणा के रूप में देखा जाता है।

गृहिणी से ही घर है, बिना गृहिणी के घर, घर नहीं होता। जिस प्रकार तालाब की शोभा कमल से है, आकाश की शोभा तारों से है, उसी प्रकार से घर की शोभा गृहिणी से है। जिस प्रकार ईंट-पत्थरों से बनी दीवारें घर नहीं कहलातीं, उसी प्रकार से प्रत्येक स्त्री गृहिणी नहीं कहलाती। एक भरे-पूरे परिवार की सम्मानित नायिका ही गृहिणी कहलाने की अधिकारिणी होती है।

वास्तव में परिवार रूपी नौका की खेवनहार गृहिणी होती है। जिस प्रकार से एक कुशल मल्लाह अपनी नौका को नदी के थपेड़ों, लहरों, विपरीत दिशाओं की ओर से चलने वाली हवाओं व भंवर से बचाता हुआ सफलता पूर्वक सुरक्षित किनारे तक ले जाता है, उसी प्रकार से एक कुशल गृहिणी भी अपने परिवार के सदस्यों को अपने चारित्रिक, बुद्धि-बल,

मनोयोग और चातुर्य से, अपने त्यागमय आदर्शों और युक्तिपूर्ण उपायों से परिवार रूपी नौका को थपेड़ों और भंवरों से बचाती हुई किनारे तक सुरक्षित पहुंचाती है।

बस में बैठे हुए यात्रियों को बस ड्राइवर पर कितना विश्वास होता है ? वे बड़े निश्चिंत होकर आंखें बंद कर अपनी यात्रा को पूरा करते हैं। बस, कुछ ऐसा ही विश्वास परिवार के लोगों को गृहिणी पर होता है। घर की सभी प्रकार की सुख-सुविधाओं को जुटाने का काम गृहिणी का होता है। परिवार की सुख-शांति, उन्नति, प्रगति और विकास का दायित्व गृहिणी के कंधों पर होता है। खाना, घर को सजाना, सफाई, घर आए मेहमानों की देख-रेख, मुहल्ले व पड़ोस में हो रहे उत्सव, घर में आने वाले नए मेहमान के स्वागत की तैयारियां आदि सब की चिन्ता गृहिणी को ही होती है। इसलिए कुछ लोग बड़ी सरलता से कह देते हैं कि घर को स्वर्ग अथवा नर्क बनाने का श्रेय गृहिणी को ही जाता है।

घर को स्वर्ग अथवा नर्क बनाना गृहिणी के बाएं हाथ का खेल है। उस घर की कल्पना कीजिए, जहां पति-पत्नी में विश्वास ही न हो, समर्पण के भाव ही न हों, एक-दूसरे के प्रति भावनात्मक लगाव ही न हो, एक दूसरे के लिए स्नेह, सहयोग की भावना ही न हो, वास्तव में ऐसा घर ही नर्क होता है। ऐसे घरों में स्नेह के सारे स्रोत स्वतः ही सूखने लगते हैं और घर नर्क बनने लगता है। इसके विपरीत आदर्श गृहिणी ही घर को स्वर्ग बनाती है। गृहिणी का गृहलक्ष्मी स्वरूप सर्वत्र सराहा जाता है।

सामाजिक जीवन में भी जब कहीं बात होती है, तो सब यही कहते हैं कि गृहिणी के बिना तो घर भूतों का डेरा होता है। भूतों के डेरे से भी यहां अभिप्राय यही है कि गृहिणी ही घर की शोभा होती है। घर की सफाई, साज-सज्जा यहां तक कि साधन संपन्नता भी घर में गृहिणी से ही होती है। लोक-जीवन में भी गृहिणी को महत्ता दी गई है। गृहिणी के बिना घरों की स्थिति के बारे में कहा जाता है कि 'चूल्हे अग न घड़े बिच पानी..।' भाव यही है कि गृहिणी के बिना तो घर में चूल्हा भी नहीं जलता और घड़े में पानी भी नहीं होता। जिस घर में चूल्हा ही न जलता हो अर्थात् खाना ही न बनता हो, पीने को पानी भी न हो, वह घर, घर कैसे हो सकता है ?

गृहिणी के बिना घर की कल्पना करना हवा में किले बनाना जैसी सोच है। देहाती कहावत भी है कि घर तो घरवाली (गृहिणी) से बनता है। शहरी जीवन में भी यही व्यवहार दोहराया जाता है कि कोई भी सज्जन पुरुष अकेले व्यक्ति को अपना मकान तक किराये पर नहीं देते, जबकि गृहस्थ व्यक्ति को मकान किराये पर दे देते हैं। यहां भी भावना यही है कि गृहिणी में सामाजिक गुण होते हैं और वह अपने आचरण और व्यवहार से कहीं भी इन गुणों से अछूती नहीं होती।

विवाह के लिए छपने वाले सैकड़ों, हजारों विज्ञापनों में भी कन्या पक्ष से अन्य बातों के साथ-साथ यह अपेक्षा की जाती है कि गृह-कार्य में दक्ष कुशल कन्या की आवश्यकता है, जो गृहिणी बन परिवार में मान-प्रतिष्ठा पा सके। यहां भी लोक मान्यता, लोक अपेक्षा यही है कि पत्नी के रूप में ऐसी गृहिणी की अपेक्षा की जाती है, जो गृहस्थ जीवन की आवश्यकताओं को पूरा कर सके।

वास्तव में जब गृहिणी शब्द पुकारा जाता है, तो उसमें स्वतः ही एक ऐसी ध्वनि प्रतिध्वनित होती है, जिसमें एक ऐसी स्त्री का रूप निखरता है, जो सेवा भावना से भरी होती है। सहनशीलता और शालीनता जिसका आदर्श होता है। धार्मिक सोच वाली, जो परिवार के लिए समग्र रूप से समर्पित होकर त्यागमय जीवन व्यतीत करने को तत्पर हो। यही कारण है कि हमारी संपूर्ण सामाजिक व्यवस्था का आधार ही गृहिणी है। गृहिणी पर केंद्रित सामाजिक व्यवस्था इतनी संयत, संतुलित है कि उसमें कहीं भी कोई दोष नहीं आ सकता। पुरुष प्रधान सामाजिक व्यवस्था होने के बाद भी हमारे परिवारों में गृहिणी ही प्रधान है। गृहिणी ही घर संभालती है। पति भले ही कमाता है, लेकिन संपूर्ण वित्त व्यवस्था गृहिणी के ही हाथ में होती है। वास्तव में वह अपने सीमित साधनों को ही कुछ इस प्रकार से फैलाती है कि परिवार का प्रत्येक सदस्य संतुष्ट रहता है और सबको प्रगति के समान अवसर मिलते हैं। प्रतिष्ठित और पढ़े-लिखे घरों में तो पत्नी के इस गृहिणी स्वरूप को प्रतिष्ठा देते हुए उसे 'गृहमंत्री' का दर्जा दिया गया है। घरों में जहां कहीं भी किसी समस्या का कोई उचित समाधान नहीं हो पाता, तो उसे 'गृहमंत्री' के क्षेत्राधिकार की बात कह कर गृहिणी पर छोड़ दिया जाता है। वास्तव में ऐसी विषम परिस्थितियों में वह पारिवारिक प्रतिष्ठा को इतनी कुशलता से बचाती है कि उससे न केवल उसकी प्रतिष्ठा बढ़ती है, बल्कि सम्मानजनक हल के लिए परिवार की प्रतिष्ठा बढ़ती है।

कामकाजी महिलाएं, जो अपने आपको प्रगतिशील सोच वाली समझती हैं, वे भी कई मामलों में गृहिणियों से पीछे रह जाती हैं और उन्हें भी अपनी समस्याओं के समाधान के लिए इनकी सलाह पर ही चलना पड़ता है।

गृहस्थ जीवन की गाड़ी को चलाने के लिए पति-पत्नी दो पहिए के समान हैं। जिस प्रकार से दोनों पहियों में संतुलन न होने पर गाड़ी डगमगाने लगती है, उसी प्रकार से पति-पत्नी में भी उचित सामंजस्य न होने से जीवन की गाड़ी में चूं-चूं की आवाज़ आने लगती है। उसे संतुलित करने के लिए स्नेह रूपी सहयोग अथवा सामंजस्य की आवश्यकता पड़ती है। स्नेह और सहयोग पाकर ही तनाव, टकराव और बिखराव की स्थिति निर्मित नहीं हो पाती। परस्पर विश्वास बढ़ने लगता है और जीवन की गाड़ी संतुलित रूप से सही रास्तों पर चलने लगती है। आशय यह है कि जीवन की गाड़ी को नई-नई ऊंचाइयों, नई मंज़िलों तक ले जाने की ज़िम्मेदारी इन्हीं दो पहियों (पति-पत्नी) की है।

दार्शनिक प्रकृति के समाजशास्त्रियों का मत है कि यदि संसार में नारी न होती, तो सभ्यता और संस्कृति का विकास ही न होता। स्त्रियों ने ही अपने विविध रूपों में पुरुषों को प्रभावित और प्रेरित किया है। वह चाहे रामायण हो अथवा महाभारत, चरित्र चाहे ऐतिहासिक हों अथवा

आधुनिक। स्त्रियों ने ही इतिहास को प्रभावित किया है, पुरुषों में शक्ति का संचार किया है, इसीलिए आज भी समाज में गृहिणी ही परिवार और समाज का केंद्र है।

गृहिणी का महान् पद स्त्री को विवाह के बाद ही मिलता है। वह पत्नी बनकर जहां पतिव्रत धर्म का पालन करती है, वहीं सामाजिक और पारिवारिक मर्यादाओं में बंधकर परिवार के प्रति समर्पित होती है।

गृहिणी के पारिवारिक दायित्वों के बारे में प्राचीन धर्मग्रंथों में भी उल्लेख मिलते हैं। विवाह के अवसर पर अग्नि के समक्ष शपथ लेने की प्रथा बहुत प्राचीन है। विवाह के बाद गृहिणी का पद पाते ही अपने शुभचिंतकों, अभिभावकों, स्वजनों द्वारा जो आशीर्वाद दिए जाते हैं, उनमें आदिकाल से ही यही भावना दोहराई जाती रही है :

साम्राज्ञी श्वसुर भव, साम्राज्ञी श्रश्रवा भव।
ननान्दरि साम्राज्ञी भव, साम्राज्ञी अधिदेवृषु ॥

अर्थात् तुम सास-श्वसुर के दिल की रानी बनो, ननदों, देवरों के बीच प्रतिष्ठित हो।

शादी के बाद आज भी लड़की को बहूरानी के रूप में स्वीकार कर उसे एक नया नाम देने की परम्परा है। इस नए नाम की परम्परा के पीछे भी आशय यही है कि 'अब तुम एक नए परिवार से नाता जोड़ रही हो, तुम्हारे हर काम की छाया इस नए परिवार पर पड़ेगी, इसलिए अब तुम इस परिवार की बहूरानी के रूप में गृहिणी धर्म स्वीकार करो।' वास्तव में इस सम्मान सूचक स्थान को प्राप्त करने के लिए स्वतः ही गृहिणी में गर्व-गौरव और गरिमा का भाव आ जाता है। वह स्वयं ही विवाह के बाद एक नई आचार संहिता के प्रति समर्पित हो जाती है।

इस नई आचार संहिता का भाव भिन्न-भिन्न समाजों में भिन्न-भिन्न रूपों में व्यक्त किया गया है, लेकिन गृहिणी के लिए सब का भाव एक ही है। बड़ों की सेवा, बराबरी वालों के प्रति निष्कपट स्नेह, सब से मैत्री संबंध, पतिव्रत का पालन, पति के क्रोध को शांत करना, छोटे ननद-देवरों के साथ अनुग्रह का व्यवहार, कभी घमंड न करना, लोभ-लालच में न पड़ना, मायके और ससुराल में स्नेह-सेतु बन परस्पर संबंधों को मधुर बनाना ही गृहिणी का धर्म है। यह धर्म ही उसे नए परिवार में सम्मान दिलाता है।

जो स्त्रियां परिवार में सुख और सम्मान के साथ समर्पित भाव से जीती हैं, पति से भावनात्मक रूप से जुड़ी रहती हैं, उनके त्याग कभी व्यर्थ नहीं जाते। क्योंकि प्रत्युत्तर में उन्हें भी परिवार से उतना ही मान-सम्मान मिलता है।

प्राचीन ग्रंथों में गृहिणियों के लिए कुछ वर्जनाओं का उल्लेख कर उन्हें चेतावनी के रूप में व्यक्त किया गया है। मनुस्मृति में कहा गया है कि जिस परिवार में स्त्रियां शोक करती हैं, वह शीघ्र ही नष्ट हो जाता है। जिस परिवार में नारियों का आदर होता है, वहां देवताओं का वास होता है। जहां उनका निरादर होता है, वहां परिवार के लोगों द्वारा की गई धार्मिक क्रियाएं भी निष्फल रहती हैं। स्त्रियों को सामाजिक मर्यादाओं में रहने के लिए स्पष्ट रूप से कहा गया है कि स्त्रियां और नदियां लोक कल्याणकारी हैं। गृहिणी के रूप में जब स्त्री मान-मर्यादाओं में रहती है, तो परिवार, कुल और समाज का कल्याण करती है। नदी तट बंधों में मर्यादित रहकर अपने निकटवर्ती लोगों का कल्याण करती है। खेतों की प्यास बुझाकर लोगों को धन-धान्य से संपन्न करती है, लेकिन मर्यादा से बाहर जब वह तटबंधों को तोड़कर (बाढ़ के रूप में) बहती है, तो विनाशकारी बनती है। गृहिणी भी जब परिवार की मर्यादा तोड़ती है, तो दुष्कर्मों से अपने अतीत, वर्तमान और भविष्य को बिगाड़ती है। अवैध संबंधों के क्या परिणाम होते हैं, यह किसी भी महिला अथवा पुरुष से छिपे नहीं हैं।

इसी क्रम में शास्त्रों में इस बात का भी उल्लेख है कि गृहिणी का सबसे बड़ा धर्म, सबसे बड़ा कर्त्तव्य पतिधर्म का पालन करना है। इसके साथ ही पति का धर्म यह है कि वह पत्नी की रक्षा करे। जो व्यक्ति पत्नी की रक्षा नहीं कर पाता, वह लोक निन्दा का पात्र बनता है और अधोगति को पाता है। पत्नी के प्रति सहानुभूति पारिवारिक संबंधों की एक दृढ़ कड़ी है। धर्मग्रंथों में यह बात स्पष्ट रूप से कही गई है कि गृहिणी का सबसे बड़ा देवता पति है। पति की उपेक्षा कर उसे कहीं भी सम्मान प्राप्त नहीं होता। चूंकि पत्नी पतिव्रत का पालन करती है, इसलिए पति का कर्त्तव्य है कि वह उसे पूर्णता प्रदान करे। स्त्री की रिक्तता को पूरा करना ही पति का परम कर्त्तव्य है। यह रिक्तता चाहे शारीरिक हो अथवा मानसिक, भावनात्मक हो अथवा आर्थिक।

आशय यह है कि भारतीय धर्मग्रंथों में भी गृहिणी को परिवार और समाज की धुरी के रूप में मान्यता दी गई है।

पत्नी को भारतीय संस्कृति में अर्धांगिनी का नाम दिया गया है। पति ही उसे पूरा बनाकर पूज्य बनाता है। गृहिणी को पूज्य भी शायद इसीलिए माना गया है, क्योंकि वह ही परिवार की सुख-समृद्धि के लिए हमेशा सचेष्ट रहती है।

ऊंचा कुल, ऊंची जाति, ऊंचा खानदान आदि की बातें भी अच्छी गृहिणी के संदर्भ में ही की जाती हैं। परिवार के सदस्यों को ऊंचा उठाने, उन्हें प्रगति के नये-नये मान तक पहुंचाने में जिन गृहिणियों ने योगदान दिया है, समाज ने हमेशा उन्हें पुरस्कृत कर सम्मानित किया है। यहां तक कि उन्हें बड़े घर की बहू-बेटी कह कर उनका सम्मान बढ़ाया है।

परिवार में गृहिणी के मनोवैज्ञानिक स्वरूप (व्यवहार) को परिवार का हर छोटा-बड़ा व्यक्ति बड़े निकट से अनुभव करता है। इस विषय में आप अपनी पारिवारिक अपेक्षाएं जानें व निम्न सतर्कताएं बरतने पर स्वयं को परिवार की आंखों का नूर भी बना सकती हैं–

- हमेशा सूर्योदय से पूर्व उठें। देर तक सोते रहने से आपकी प्रतिष्ठा परिवार के सभी सदस्यों की नजरों में कम होगी, भले ही वे मुंह से कुछ न कहें।
- अपने शारीरिक और मानसिक स्वास्थ्य के प्रति सचेत-सावधान रहें। प्रातःकाल का भ्रमण, व्यायाम, योगादि के महत्व को स्वीकारें। बच्चों में भी यही संस्कार विरासत के रूप में दें।
- अपने नैसर्गिक रंग-रूप, सुंदरता के प्रति सदा सावधान रहें। इसकी रक्षा, सुरक्षा के लिए प्राकृतिक साधनों का उपयोग करें। अपने रूप-रंग के प्रति मन में किसी प्रकार की हीनता न लाएं।
- सात्विक आहार, मौसमी फलों, हरी सब्जियों का भरपूर उपयोग करें। ये तन और मन, दोनों को स्वस्थ रखती हैं।
- हमेशा प्रसन्न रहें। ईर्ष्या रखकर आप कभी अपना भला नहीं कर सकतीं। प्रसन्न रहकर जहां आप दूसरों को प्रसन्न रख सकती हैं, वहीं आप मानसिक तनाव जैसे अनेक मनोविकारों से मुक्त रह सकती हैं।
- प्रातः, सायं और रात्रि को परिवार के सदस्यों के साथ आराध्य देव का स्मरण—पूजा, अर्चना, संध्या वंदन अवश्य करें। इससे परिवार का वातावरण तनाव रहित, पवित्र और शांत बना रहता है।
- पति के साथ कुछ समय एकान्त में अवश्य बिताएं। इससे दांपत्य संबंधों में सरसता, निकटता, मधुरता और जुड़ाव बना रहता है।
- अधिक सोना, तामसिक भोजन करना, होटलों अथवा क्लबों में जाना, धूम्रपान करना, मद्यपान, पाऊच खाना, अश्लील पुस्तकें पढ़ना गृहिणी के लिए वर्जित व्यवहार हैं। जहां तक हो, इनसे दूर ही रहें।
- बाथरूम में नहाने, कपड़े धोने का सामान, बिजली, पानी आदि का सलीके से उपयोग करें। इन्हें यथा स्थान पर सलीके से रखें। इनका रख-रखाव आपकी सुघड़ता का परिचायक है।
- गृह-सज्जा और घर की सफाई के प्रति सदैव सावधानी बरतें। तौलिए, मौजे, रूमाल, टाई, पेस्ट, ब्रश, पॉलिश आदि दैनिक उपयोग की वस्तुएं निर्धारित स्थान पर रखें। इससे जहां वस्तुएं सुरक्षित रहेंगी, वहीं इनका उपयोग करने में समय की बचत होगी एवं अनावश्यक तनाव और खीझ पैदा नहीं होगी।

प्रत्येक गृहिणी की यह मनोवैज्ञानिक इच्छा होती है कि वह परिवार के प्रति समर्पित हो। समर्पण की इन भावनाओं के बदले में यदि उसे परिवार के अन्य सदस्यों का सहयोग मिलता है, तो वह अपने इस लक्ष्य को भी प्राप्त करती है। यदि उसकी सफलताओं का मूल्यांकन होता है, तो उसे उसके इन्हीं गुणों के कारण मान-प्रतिष्ठा मिलती है, जिससे उसका मनोबल बढ़ता है और उसे परिवार के प्रति उत्सर्ग के लिए प्रेरित करता है।

अध्याय 2

गृहिणी : समाज का दर्पण

गृहिणी समाज का दर्पण है। दर्पण में व्यक्ति का प्रतिबिम्ब दिखाई देता है। मां यह कभी नहीं चाहती कि उसका पुत्र परिवार अथवा समाज पर बोझ बने। इतिहास साक्षी है कि गृहिणी की यह चाहत हमेशा रंग लाई है। मां हमेशा बेटों से गौरवान्वित हुई है। आप भी इस सामाजिक दर्पण में देखें, गृहिणी के प्रतिबिम्ब आपको भी दिखाई देंगे।

एक अच्छी, कुशल, सुघड़ गृहिणी केवल अपने परिवार का ही कल्याण व सुधार नहीं करती, बल्कि वह उस समाज का भी कल्याण करती है, जिसका कि वह अंग है।

गृहिणी परिवार में मां बनकर वीर पुत्रों को जन्म देती है। उन्हें अच्छे संस्कार देकर, अपना वात्सल्यपूर्ण दूध पिलाकर इस योग्य बनाती है कि वह परिवार में, समाज में उसका नाम रोशन करें। कुलदीप बन समाज में अपने परिवार का नाम करें। अभी तक हमारे देश में, समाज में केवल पिता का नाम ही लिखने की परम्परा थी, अब पिता के साथ-साथ मां का नाम भी लिखा जाने लगा है। आशय यह है कि गृहिणी वंश को बढ़ाने वाली होती है। वह समाज और राष्ट्र को जनशक्ति प्रदान करती है, सामाजिक व्यवस्था में सहयोग करती है। राष्ट्र को वीर सिपाही प्रदान करती है, जो राष्ट्र की रक्षा के लिए संकल्पित होते हैं।

सामाजिक व्यवस्था की धुरी

जय जवान जय किसान, जय विज्ञानरूपी त्रिमूर्ति का सपना पूरा करने वाली, इस परम्परा को गतिशील बनाने वाली गृहिणी ही है। गृहिणी से ही वैध संतान पैदा होती है, जिसे समाज में मान्यता और प्रतिष्ठा प्राप्त होती है। वैध संतान ही मानसिक और शारीरिक रूप से स्वस्थ होती है। वास्तव में इसी प्रकार की जनशक्ति ही राष्ट्र को एक संतुलित अर्थव्यवस्था प्रदान करती है।

राष्ट्रीय और अंतरराष्ट्रीय स्तर पर होने वाली विभिन्न स्पर्धाओं में भाग लेने वाले मेधावी बालक, बालिकाएं इन्हीं गृहिणियों की देन होते हैं। क्रिकेट के क्षेत्र में भारत का मान बढ़ाने वाला सचिन किसी गृहिणी का पुत्र है। आशय यह है कि देश और विदेशों में विभिन्न क्षेत्रों में कुशलता प्राप्त करने वाले डॉक्टर, इंजीनियर, वैज्ञानिक सभी गृहिणियों की ही देन हैं। देश की महान् विभूतियां किसी-न-किसी गृहिणी की ही देन हैं। शिवाजी का नाम तो विशेष रूप से उनकी मां जीजाबाई के कारण प्रसिद्ध हुआ। शिवाजी की मां न केवल धार्मिक गृहिणी थीं, बल्कि उन्होंने शिवाजी को ऐसे संस्कार भी दिए, जिससे वे युग पुरुष बन गए। शिवाजी पर उनकी मां का पूरा-पूरा प्रभाव था और इसका उन्होंने अपने जीवन वृत्तांत में भी उल्लेख किया है। देश, जाति और समाज के उत्थान में हजारों-लाखों गृहिणियों ने ही योगदान दिया है।

इतिहास में महात्मा गांधी, टॉलस्टाय, रवींद्रनाथ टैगोर, मदनमोहन मालवीय आदि सैकड़ों महापुरुषों के उदाहरण हैं, जो केवल अपनी मां के कारण ही युग पुरुष बने।

हमारी सारी-की-सारी अर्थव्यवस्था का आधार यही गृहिणियां हैं। गांवों में तो पचास प्रतिशत खेती, पशुपालन का काम केवल महिलाएं ही करती हैं। आज हजारों-लाखों महिलाएं घर और बाहर, दोनों भूमिकाएं बखूबी निभा रही हैं। संस्थानों में, होटलों में, चिकित्सा के क्षेत्र में, अध्ययन-

अध्यापन और फैशन डिजाइनिंग के क्षेत्र में बड़ी संख्या में महिलाएं कार्य कर रही हैं और सामाजिक व्यवस्था की धुरी बनी हुई हैं।

मां बच्चे की प्रथम शिक्षिका है। मां की दी हुई शिक्षाएं ही बच्चों को अनुशासित, सभ्य और प्रगतिशील बनाती है। बच्चा सच और झूठ का पहला पाठ मां से ही सीखता है। मां बच्चे को जो चाहे बना सकती है। मां के दिए हुए संस्कार ही अन्य परिस्थितियां पाकर उसे चोर अथवा जज बनाते हैं। मां की लोरियां सुन-सुनकर पला-बढ़ा हुआ बच्चा परिवार की अपेक्षाओं के अनुरूप बनता है। इतिहास साक्षी है कि महापुरुषों के निर्माण में उनकी मां की ही अधिक भूमिका रही है। नानक, मीरा, महादेवी आदि के विचारों को उनकी मां के विचारों ने ही प्रभावित किया और वे महान् बने। गांधीजी को सत्य का पाठ उनकी मां पुतलीबाई ने पढ़ाया और वे जीवन-भर उस पाठ को नहीं भूल पाए। मोहनदास कर्मचन्द गांधी अपनी मां की शिक्षाओं के कारण ही महान् बने। उनके जीवन में सत्य और अहिंसा की जो छाप पड़ी, वह उनकी मां का ही प्रतिबिम्ब था। गांधीजी तो इस युग के महापुरुष थे, धर्मग्रंथों में भी ऐसे सैकड़ों उदाहरण मिलते हैं, जहां मां ने पुत्र के जीवन की दिशा ही बदल दी। वे युग पुरुष बन गए।

एक कहावत प्रचलित है कि हर व्यक्ति की सफलता के पीछे किसी-न-किसी औरत का हाथ होता है। औरत से यहां आशय पत्नी, प्रेमिका, मां हो सकता है, लेकिन समग्र रूप से वह गृहिणी ही होती है। बुद्ध की यशोधरा, लक्ष्मण की

उर्मिला, अर्जुन की सुभद्रा, ऐसे कितने उदाहरण हैं, जो इस बात के प्रतीक हैं कि गृहिणी हमेशा पुरुष की प्रेरणा रही है। वह पुरुषों को हमेशा लक्ष्य प्राप्ति के लिए प्रेरित करती रही है। उसकी सहयोगी-सहभागी रही है। स्त्री ने ही पुरुष को हमेशा संघर्षों के लिए प्रेरित किया है। असफलताओं में उसे टूटने से बचाया है।

आज की गृहिणी आर्थिक आत्मनिर्भरता के लिए अग्रसर है और उसने स्वयं को परिवार का कर्ता के रूप में प्रस्तुत करना प्रारम्भ कर दिया है। आर्थिक आत्मनिर्भरता प्राप्त करती गृहिणियों का यह वर्ग यदि अपनी सोच को सहयोगी बना लेता है, तो सफलताएं उसकी दासी बन जाती हैं। दूसरों से स्पर्द्धा की सोच आपके परिवार में खुशहाली, समृद्धि और प्रसन्नता नहीं ला सकती। सहयोगी वृत्ति आपके व्यक्तित्व को समृद्ध बनाती है, आपका सामाजिक जीवन सार्थक बनता है। इसलिए परिचय क्षेत्र के लोगों, मित्रों, सह-कुटुम्बियों के प्रति सद्भाव और आदर भाव रखकर आप उनके दिल में स्थान बना सकती हैं। स्पर्द्धा कर उन्हें पीछे धकेलने की सोच आपको कभी भी प्रतिष्ठा नहीं दिला सकेगी। कठिनाई और विषम परिस्थितियों में अपनों का सहारा लें, अपनों का सहारा बनें। कठिन समय में आपका दिया हुआ सहयोग उन्हें बहुत दिनों तक याद रहेगा और वे आपके प्रति हमेशा कृतज्ञ बने रहेंगे।

अपनी आर्थिक क्षमता को भलीभांति जानें और सामर्थ्य के अनुरूप ही खर्च करें। दूसरों की बराबरी करने की मानसिक सोच से प्रेरित होकर फिजूल खर्ची कर जगहंसाई की पात्र न बनें।

अध्याय 3

गृहिणी के गुण

गुण कोई भौतिक वस्तु अथवा अभ्यास नहीं, यह तो एक जीवन-शैली है, जीवन के प्रति सोच है, जो गृहिणी को स्वतः ही प्राप्त होते हैं। इस विषय में केवल इतना ही ध्यान रखें कि गुण उस सुगंध के समान है, जो प्रकृति ने फूलों में दी है। गृहिणी में यदि शालीनता, शिष्टता, स्निग्धता, सहनशीलता न हो, तो वह परिवार को क्या देगी ? ये गुण ही तो हैं, जो उसे सफल गृहिणी का मान-सम्मान दिलाते हैं।

प्राचीन धर्मग्रंथों, आधुनिक विचारकों, लोक रीति-रिवाजों के परिप्रेक्ष्य में सफल गृहिणी में कुछ गुणों की कल्पना की गई है। उन्हीं गुणों को लोगों ने विविध प्रकार से सराहा है। यदि गृहिणी कुछ व्यावहारिक सोच अपनाए, तो उसमें निम्न गुणों का विकास हो सकता है। समग्र रूप से यही गुण ही गृहिणी को सफल बनाते हैं।

शारीरिक सुंदरता तो ईश्वर की देन है। इस विषय में मन में किसी प्रकार की हीनता लाना न केवल मूर्खतापूर्ण व्यवहार है, बल्कि नासमझी भी है। इसलिए अपने शारीरिक सौंदर्य की अथवा रूप-रंग की चिंता न करें। अपने आप में उन मानवीय गुणों को विकसित करें, जो गृहिणी की छवि को निखारते हैं।

शिक्षा

यह हमारे देश का दुर्भाग्य है कि यहां स्त्री-शिक्षा की स्थिति बहुत अच्छी नहीं रही है। लड़कियों को पढ़ाने-लिखाने की जब भी बात कही जाती है, तो आज भी यही सुनने को मिलता है–'ना भाई ना...हम लड़कियों को ज्यादा पढ़ाने लिखाने के पक्ष में बिलकुल नहीं हैं। हमें कौन-सी लड़कियों की कमाई खानी है, उससे नौकरी तो करानी नहीं है। ससुराल में जाकर बनानी तो उसे रोटियां ही हैं, बी.एस-सी. करा लो चाहे एम.ए... ज्यादा पढ़-लिख जाएगी, तो मुसीबत तो हमारी ही बढ़ेगी। ज़्यादा पढ़ा-लिखा लड़का ढूंढ़ो, ज्यादा दहेज जुटाओ...फिर ज़्यादा पढ़े-लिखे लड़के मिलते कहां हैं हमारी जात में...हमारी रीता को ही देख लो, बी.ए., बी.एड. है और लड़का मैट्रिक फेल...कैसे एडजस्ट करती होगी बेचारी... सुनीता चिट्ठी-पत्री लिख लेती है...इतना ही काफी है...तुम तो जानती हो जमाना बड़ा खराब है... ।'

लड़कियों की शिक्षा के बारे में इस तरह के दक़ियानूसी विचार ही लड़कियों की शिक्षा के मार्ग में सबसे बड़े बाधक हैं। कितने आश्चर्य की बात है कि पढ़े-लिखे और शहरी समाज के परिवारों के जब ये विचार हैं, तो गांव, कसबों में स्त्री-शिक्षा की क्या स्थिति होगी, आप ही अनुमान लगा लीजिए। न जाने क्यों लोग शिक्षा को नौकरी की सार्थकता से जोड़ने लगते हैं। गांवों में तो स्त्री-शिक्षा के बारे में लोगों के विचार काफी पिछड़े हुए हैं। स्वतंत्रता के बाद भी स्त्री-शिक्षा के प्रति हमारी यह उदासीनता का ही परिणाम है कि आज हम अनेकानेक रूढ़ियों और अंधविश्वासों से जुड़े हुए हैं। धर्म के नाम पर आज हम पग-पग पर ठगी जाती हैं। सबसे बड़ी बात तो यह है कि ठगे जाने के बाद भी हमारे विचारों और सोच में कोई परिवर्तन नहीं आता। भाग्य और किस्मत के सहारे पड़ी हज़ारों गृहिणियों का सामाजिक और आर्थिक

शोषण होता है, लेकिन वे अन्याय के सामने मुंह नहीं खोलतीं। दहेज और अनमेल विवाह की सैकड़ों घटनाएं रोज़ घटती हैं, बहुओं को जलाने की खबरें अब नई नहीं हैं। महिलाओं की सुरक्षा और संरक्षण की सारी योजनाएं ठंडे बस्तों में बंद रहती हैं। महिलाओं की सुरक्षा और संरक्षण के नाम पर कानून तो बहुत हैं, लेकिन कितने क्रियान्वयन होते हैं, यह सब आप से छिपा नहीं है। महिलाओं और गृहिणियों के प्रति अन्याय, शोषण और प्रताड़ना की घटनाएं कदम-कदम पर दोहराई जाती हैं। पुरुष वर्ग की मानसिकता यह है कि वह आज भी औरत को 'पैरों की जूती' 'भोग्या' 'बाजारू वस्तु' समझता है, लेकिन महिलाएं इसलिए कुछ नहीं कहतीं कि वे यह समझती हैं कि यह सब तो 'औरत की नियति' है। जब पहले ही दिन से उसे यह सुनने को मिलता है कि 'पढ़-लिखकर क्या करेंगी, बनानी तो रोटियां ही हैं।' तो वह समझती है कि रोटियां बनाना, बच्चे पैदा करना ही उसकी नियति है, उपयोगिता है। इसमें शिक्षा की क्या आवश्यकता है ? पढ़ना-पढ़ाना तो फिजूल की बातें हैं, और यही कारण है कि लड़कियों को तब भी स्कूल, कॉलेज से दूर रखा जाता था और आज...।

आज स्थिति में कुछ परिवर्तन आया है। यद्यपि आज भी शत-प्रतिशत साक्षरता का लक्ष्य प्राप्त नहीं हुआ है, फिर भी लड़कियों की शिक्षा के महत्त्व को स्वीकार कर अनेक प्रयास किए जा रहे हैं। वास्तव में इन सबके पीछे एक ही उद्देश्य है कि लड़कियां पढ़-लिखकर सफल गृहिणी बनें।

शिक्षित गृहिणी की मानसिक सोच व्यापक होती है। जीवन और परिवार के प्रति उसकी एक अपनी मौलिक सोच होती है, अंधविश्वासों से हटकर वह अपने परिवार को प्रगतिशील सोच प्रदान करती है। वास्तव में अब लोग स्त्री-शिक्षा के महत्त्व को समझने लगे हैं। विवाह संबंधी प्रत्येक विज्ञापन के प्रारम्भ में ही इस बात को स्पष्ट कर दिया जाता है कि आवश्यकता है पढ़ी-लिखी सुशील कन्या की...।

इतना सब होने के बाद भी आज स्कूल, कॉलेज में जाने वाली लड़कियों की संख्या पंद्रह-बीस प्रतिशत से अधिक नहीं है। वास्तव में स्त्री-शिक्षा को नौकरी से जोड़ने की एक भ्रामक भूल लोगों के दिल में घर कर गई है।

इस संबंध में एक दार्शनिक विचार यह है कि जब एक लड़का पढ़ता है, तो वह केवल स्वयं को सजाता-संवारता है, लेकिन जब एक लड़की पढ़-लिख जाती है, तो वह पूरे परिवार को सजाती-संवारती है, इसलिए समाज में नारियों का शिक्षित होना पूरे समाज और राष्ट्र को प्रभावित करता है।

शिक्षा गृहिणी को नई सोच प्रदान करने वाला गुण है, वह गृहिणी को आत्मनिर्भर तो बनाती ही है, साथ ही उसकी मानसिक और वैचारिक सोच को भी प्रभावित करती है। हमें यह ध्यान रखना चाहिए कि शिक्षित गृहिणी की सोच, आचरण, व्यवहार में अंतर होता है। वह साहस के साथ विषम परिस्थितियों का सामना कर सकती है। अपने अधिकारों के लिए संघर्ष कर सकती है। विषम परिस्थितियों में भी वह सम्मानजनक समझौता कर अपने पारिवारिक जीवन से संतुष्ट रह सकती है। इस परिप्रेक्ष्य में इतना समझ लेना चाहिए कि आज भी पढ़ी-लिखी कामकाजी महिलाओं की अपेक्षा पढ़ी-लिखी गृहिणियां ही अधिक हैं। जो गृहिणियां पढ़ी-लिखी हैं, उन्हें अपने पढ़े-लिखे होने पर गर्व है। जो गृहिणियां पढ़-लिखकर नौकरी नहीं करती हैं, वे समाज और परिवार के लिए अन्य अनेक महत्त्वपूर्ण काम करती हैं, जो पैसे कमाने से अधिक महत्त्वपूर्ण है। उनकी शिक्षा पारिवारिक अपेक्षाओं का आधार है, वे अपनी पारिवारिक अपेक्षाओं को इसलिए पूरा कर रही हैं, क्योंकि वे पढ़ी-लिखी हैं।

शिक्षा के अन्य अनेक पारिवारिक पक्ष हैं। सफल गृहिणी तो अपने बच्चों का पालन-पोषण, उनकी पढ़ाई लिखाई, उनकी देखभाल, परिवार में रोगी की देखभाल आदि सब इसलिए कर लेती है, क्योंकि वह शिक्षित होती है। गृहिणी को अपने घर की सफाई, परिवार में आने वाले सहकुटुंबियों, मेहमानों आदि से शिष्टाचार युक्त व्यवहार करना पड़ता है। मुहल्ले, पड़ोस के लोगों के साथ शालीनता और शिष्टता से पेश आना पड़ता है, परिवार के सदस्यों के स्वास्थ्य आदि का ध्यान भी रखना पड़ता है। क्या ये सब व्यवहार कोई अशिक्षित गृहिणी सफलतापूर्वक कर पाती है ? यदि यह मान भी लिया जाए कि वह ऐसा कर लेती है, तो भी इतना अवश्य है कि शिक्षित और अशिक्षित के व्यवहार में कुछ तो अंतर होगा और वह अंतर ही कभी-कभी बहुत अधिक हो जाता है।

ग्रामीण महिलाओं का क्षेत्र बड़ा सीमित होता है, इसलिए उनके विषय में तो एक बार यह सुना जा सकता है, लेकिन शहरी महिलाओं का क्षेत्र अपेक्षाकृत उनसे व्यापक होता है। पढ़ी-लिखी गृहिणी वह चाहे मां हो, बेटी हो, पत्नी हो, प्रशासनिक अधिकारी हो; अपने पारिवारिक संबंधों में विकृति नहीं आने देगी। इस दृष्टि से स्त्री-शिक्षा की सार्थकता स्वयं सिद्ध हो जाती है।

स्नेहयुक्त पारिवारिक वातावरण पढ़ी-लिखी गृहिणी की देन है। इस प्रकार का स्वस्थ और स्वच्छ वातावरण परिवार के सदस्यों को तनावरहित बनाता है और तभी परिवार का प्रत्येक सदस्य अपने सामाजिक और राष्ट्रीय दायित्वों को भली प्रकार से पूरा करता है। वास्तव में शिक्षित वातावरण ही उन्हें प्रेरित और प्रोत्साहित करता है कि वे प्रगति करें। निरन्तर नई-नई सफलताएं प्राप्त करें। इस प्रकार की प्रेरणा उन्हें घर से ही मिलती है और पत्नी रूपी गृहिणी से ही मिलती है। यदि आप साधन संपन्न हैं, तो अपनी इस संपन्नता का लाभ समाज के ऐसे वर्ग को दें, जिसे आपके सहयोग और सहायता की आवश्यकता है। निर्बल और असहायों का सहारा बनें। किसी सामाजिक, सांस्कृतिक अथवा धार्मिक संस्था से जुड़ें। रेडक्रास, आर्य समाज, महिला कल्याण समिति आदि ऐसी अनेक संस्थाएं हैं, जिन्हें आपके सहयोग की आवश्यकता है। पढ़-लिखकर ही आप इनसे जुड़ सकती हैं। पढ़ी-लिखी होने के कारण सदैव विवेक से काम लें, ताकि कोई अन्य व्यक्ति अथवा संस्था आपकी उदारता और सहृदयता का अनुचित लाभ न उठा सके।

आपकी शिक्षा की सार्थकता इसमें है कि आप अपने पारिवारिक और सामाजिक वातावरण को कितना प्रभावित करती हैं। उसकी प्रगति, सुख-समृद्धि और सफलता में कितना योगदान करती हैं। पढ़-लिखकर अपनी इन अपेक्षाओं को पूरा करें। यदि नौकरी करना आवश्यक हो, तो अवश्य करें। अपनी योग्यता, प्रतिभा और क्षमता को जानें और उसके अनुसार ही किसी संस्था से जुड़ें। आर्थिक आत्मनिर्भरता प्राप्त करें, व्यस्त पति के साथ सहयोग करें। उनके कामों में हाथ बटाएं। पति के कारोबार में भी आप सहयोग कर सकती हैं।

सामान्यतया पढ़ी-लिखी अथवा शिक्षित गृहिणी से निम्न अपेक्षाएं की जाती हैं–

- अपने पारिवारिक, सामाजिक और कामकाजी जिम्मेदारियों को पूरी निष्ठा और ईमानदारी के साथ निभाती हो। वह अपने इन्हीं गुणों को विरासत के रूप में अपने पुत्र-पुत्रियों को देती है। इसीलिए कहा जाता है कि स्त्री-शिक्षा पर व्यय किया गया धन तीन गुणा ज्यादा लाभ देता है।
- शिक्षित नारी में निरन्तर सीखने की ललक बनी रहती है। महानगरीय जीवन में ही नहीं, बल्कि छोटे-छोटे शहरों और कसबों में भी गृहिणियां कुछ-न-कुछ सीखती-सिखाती रहती हैं। वे हमेशा सीखने के लिए तैयार रहती हैं। पढ़ी-लिखी स्त्रियां दूसरों का मान-सम्मान भी अधिक करती हैं।
- वैचारिक संकीर्णता से भी दूर रहती हैं। लड़ाई-झगड़ों से बची रहना चाहती हैं। नई पीढ़ी में सास-बहू के विवाद पढ़ी-लिखी गृहिणियों के लिए किताबी बातें रह गई हैं। जीवन के प्रति उनकी सोच में अंतर आया है।
- पढ़ी-लिखी महिलाओं ने जीवन के अर्थहीन मूल्यों, रूढ़ियों, दकियानूसी विचारों, अन्धविश्वासों को नकारा है।
- टी.वी., समाचार-पत्र, पत्रिकाओं के माध्यम से उसने नई जानकारियां प्राप्त की हैं। आधुनिक जीवन-शैली को अपनाया है। खाने-खिलाने के प्रति उत्सुकता जागृत हुई है।
- पढ़ी-लिखी गृहिणी अपने खाली समय का सदुपयोग गृह-सज्जा, खाने की विविधता, किचन गार्डन, बच्चों की पढ़ाई-लिखाई जैसे रचनात्मक कार्यों में करने लगी है।
- पर निन्दा में उसकी रुचि कम हुई है। बिना मांगे सलाह देने, बीच-बीच में बोलने की आदत खत्म हुई है और सजने-संवरने के प्रति उसकी रुचि जागृत हुई है।
- पढ़ी-लिखी गृहिणी का परिचय क्षेत्र बढ़ा है। निकट संबंधियों से उसके संबंध मधुर बने हैं। पर्यटन के प्रति उसकी रुचि में अंतर आया है। अवसर के अनुकूल वह भी घर में पार्टियों का आयोजन करने लगी है। ऐसे अवसरों पर बधाई देना, शुभकामनाएं प्रकट करना, आशीर्वाद देना जैसी औपचारिक बातें, उपहार देना अथवा लेना प्रतिष्ठाजन्य आचरण समझने लगी हैं। इस प्रकार की सोच से उसका सामाजिक क्षेत्र बढ़ा है। मेहमानों में उसकी मान-प्रतिष्ठा बढ़ी है।

आधुनिक जीवन-शैली के अनेक ऐसे काम हैं, जो अब गृहिणियों को ही करने पड़ते हैं। बच्चों की पढ़ाई-लिखाई, उनका होमवर्क, घर के खर्चों का हिसाब, पारिवारिक बजट के अनुसार व्यय, नल, बिजली, टेलीफोन के बिलों का भुगतान, मार्केटिंग, मुहल्ले-पड़ोस की सामाजिक संस्थाओं से जुड़ाव, मनोरंजन के लिए टी.वी. चैनलों का चुनाव, उसका भुगतान, किटी पार्टियों का आयोजन अथवा उसमें भाग लेना आदि ऐसे व्यवहार हैं, जो पढ़ी-लिखी गृहिणियों को करने पड़ते हैं। आजकल बहुत से सामाजिक आयोजन भी होटलों में होने लगे हैं। अनेक वर्कशाप, सेमीनार, गोष्ठियां आदि भी होती रहती हैं। इन सब में भी महिलाओं-गृहिणियों को अपनी भागीदारी दर्ज करानी पड़ती है। इन सब के लिए भी गृहिणी का शिक्षित होना परम आवश्यक है। गृहिणी का कार्यक्षेत्र अब चारदीवारी तक सीमित नहीं रह गया है। ऐसी लाखों गृहिणियां हैं, जिन्हें वाणिज्य, उद्योग और मीडिया से जुड़कर उसमें अपनी प्रतिभा का उपयोग करना पड़ता है। वास्तव में ऐसी महिलाओं का शिक्षित होना ही उनके लिए वरदान सिद्ध हुआ है।

सामाजिक हीनता से बचने के लिए भी शिक्षा आवश्यक है। पढ़ने-लिखने और सीखने की कोई उम्र नहीं होती, इसलिए इस विषय में जब जागें, तब सवेरा का सिद्धांत अपनाएं और शिक्षित बनें। शिक्षित गृहिणी ही अपने परिवार को 'स्वीट होम' बना सकती है। सफल गृहिणी होने का गर्व व गौरव प्राप्त कर सकती है।

विनम्रता

गृहिणी का दूसरा प्रमुख गुण विनम्रता है। विनम्रता से हमारा आशय इतना ही है कि वह अपनी भाषा, बोल-चाल, संबोधनों में इतनी नम्रता लाए कि सुनने वाला प्रभावित हुए बिना न रह सके।

सामाजिक जीवन में कुछ महिलाएं जब भी बोलती हैं इतना कर्कश, तीखा बोलती हैं कि सुनने वाले का दिल दहल जाए। ऐसी औरतों के बारे में कहा जाता है कि जब भी बोलेगी, कफन फाड़कर बोलेगी...इस विषय में जिन्हें गुलेरी जी की कहानी 'उसने कहा था...' स्मरण हो अथवा आपने पढ़ी हो, तो उसमें अमृतसरी पंजाबी बोली के वे मधुर संबोधन अवश्य स्मरण होंगे। 'भ्रां जी...।' 'नी करमा वालिए... नी' 'पुत्ता प्यारिए' 'उमरा वालिए' जैसे संबोधनों का प्रयोग राह चलती महिलाओं के प्रति अभिव्यक्ति ही विनम्रता है। भीड़ भरे रास्तों पर जब तांगे वाले, 'खालसा जी', 'भाई जी', 'लाला जी' का संबोधन करते हैं, तो ऐसे लोगों से एक अनजान आत्मीयता स्वतः ही पैदा हो जाती है। इसी कहानी में एक स्थान पर प्रेम की अभिव्यक्ति भावनाओं के संबोधन को तीन शब्दों में व्यक्त कर कहानीकार ने आंतरिक मन की विनम्र अनुभूतियों को जिस आत्मीयता के साथ अभिव्यक्त किया है, वही विनम्रता का भाव है। 'देखते नहीं, यह रेशम से कढ़ा हुआ शालू...।'

साहित्य समाज का दर्पण होता है। आज भी जहां हमें सामाजिक, पारिवारिक जीवन में परस्पर मधुर और आत्मीय संबंध स्थापित करने होते हैं, वहां हम विनम्रता से पेश आते हैं। विनम्रता का यह व्यवहार आत्मीयता प्रकट करता है, शिष्ट होता है और परस्पर में जोड़ने वाला होता है।

विनम्रता का यह व्यवहार ही गृहिणी को सामाजिक सुरक्षा प्रदान करता है और प्रत्युत्तर में उसे अपनों से सहयोग मिलता है। इससे एक-दूसरे के प्रति सहयोगी भावना बढ़ती है। विनम्रता ही हमें एक-दूसरे के निकट लाती है। हमारा सारा पारिवारिक जीवन परस्पर में विश्वास के साथ जुड़ा है। संबंधों का यह विश्वास ही हमें एक-दूसरे के प्रति समर्पित होने की प्रेरणा देता है। विनम्रतापूर्ण संबोधन पाकर ये संबंध प्रगाढ़ बनते हैं। पति-पत्नी, पिता-पुत्र, सारे संबंध एक विश्वास और मर्यादा पर टिके हैं और हमें इन मर्यादाओं का कदम-कदम पर निर्वाह करना चाहिए। विनम्रता पूर्वक ये संबोधन ही हमें एक-दूसरे से जोड़ते हैं। 'मां जी...।', 'बड़ी दीदी', 'दीदी', 'भाई साहब', 'वीर जी...।', 'भाई जान', 'लालाजी', 'बड़ी बी...।' 'अंकल', 'भाभी जी' जैसे संबोधन देकर ही गृहिणियां दूसरों के दिल में अपने लिए स्थान बनाती हैं। आप भी इस भाव और भावना से प्रेरित होकर विनम्रतापूर्वक अपना परिचय क्षेत्र बढ़ाएं और संबंधों का निर्वाह करें। गृहिणी के रूप में आप जब भी संपर्क में आने वाले को आत्मीयतापूर्ण इस प्रकार का संबोधन देती हैं, तो जहां आप स्वयं कुछ सीमाओं में बंध जाती हैं, वहीं दूसरा भी आपके प्रति मानसिक रूप से कुछ संयत, मर्यादित हो जाता है। अनुशासन का यह दोहरा व्यवहार केवल विनम्रता से ही पैदा होता है। इस प्रकार का व्यवहार पाकर दूसरे भी सरलता से अपनी सीमाओं का उल्लंघन नहीं कर पाते।

अतः आप अपने सामाजिक और पारिवारिक जीवन में विनम्रता के इस आदर्श को स्वीकारें। यह आपके व्यक्तित्व की विशेषता बनेगा, वहीं आपके प्रति भी लोगों के मन में आस्था पैदा होगी। पवित्र स्नेह का सागर लहरें मारेगा और आप अपने सामाजिक जीवन में सबसे मान-प्रतिष्ठा प्राप्त कर सकेंगी।

अपनी बातचीत के क्रम में हमेशा विनम्रतापूर्वक दूसरों को 'जी...' 'जी हां...' 'जी सर...', 'पहले आप...' 'बैठिए प्लीज...' जैसे संबोधनों का प्रयोग करें। घर आए मेहमानों से अति उत्साह के साथ मिलना, उनसे मैत्री चाहने के लिए अति उत्साह दिखाना आपको दूसरों की नज़रों से गिरा सकता है। आशय यह है कि आपकी वाणी में विनम्रतापूर्वक आत्मीय संबोधन हो। आप चाहे किसी को नाम लेकर पुकारें अथवा उनकी मान-प्रतिष्ठा के अनुकूल कोई और संबोधन दें, आपकी वाणी में मधुरता और आत्मीयता का अहसास हो। यदि आप कामकाजी हैं और आपको घर और बाहर की दोहरी भूमिका निभानी पड़ती है, तो भी विनम्रता पूर्वक पहल करें। पहले अपना परिचय दें, फिर आप दूसरे का परिचय लें। हमेशा शिष्टता और शालीनता का ध्यान रखें। अपना परिचय केवल कुछ ही शब्दों में दें, उनके बारे में ही अधिक जानें, जिनसे परिचय कर रही हैं।

कुछ महिलाएं विनम्रता के नाम पर मुहल्ले-पड़ोस से कुछ अधिक ही घरोपा बना लेती हैं। ऐसा घरोपा पालने में वे

एक-दूसरे से कटोरियों का आदान-प्रदान भी करने लगती हैं। ऐसे संबंधों को बनाने में अति उत्साह का परिचय न दें, बल्कि संबंधों को सहज-सरलता के साथ बढ़ने-पलने दें।

परिवार में, मुहल्ले-पड़ोस में, कामकाजी जीवन में वैचारिक मतभेद होना स्वाभाविक व्यवहार है। अतः ऐसे किसी व्यक्ति, सहकर्मी से, वह चाहे महिला हो अथवा पुरुष; यदि आपकी पटरी मेल नहीं खाती, तो संबंध इतने सामान्य बनाकर रखें कि उनमें कहीं भी वैमनस्यता अथवा कटुता न आने पाए। आदर्श गृहिणी के बारे में तो यही कहा जाता है कि वह पुरुष की, परिवार के सदस्यों की सच्ची सलाहकार होती है, लेकिन यदि किसी से कोई गलती हो भी जाए, तो भी वह विनम्रता पूर्वक क्षमा करने वाली होती है।

विनम्रता के साथ परस्पर संबंधों का निर्वाह करें, ये संबंध ही प्रगतिशील जीवन की पहचान हैं, अपनी इस पहचान को गृहिणी के रूप में कहीं भी धूमिल न होने दें।

समानता

गृहिणी का तीसरा गुण उसमें सबके साथ समान व्यवहार करने की आदत होनी चाहिए। उसके इस गुण की तुलना मुखिया के गुण से करनी चाहिए। वास्तव में कई परिवारों में तो गृहिणी ही परिवार का मुखिया होती है।

'मुखिया मुख सो चाहिए खान पान सो एक...।' आशय यह है कि गृहिणी को परिवार के प्रत्येक सदस्य की आवश्यकताओं का ख्याल रखना चाहिए। यदि परिवार का कोई सदस्य वृद्ध है, कोई बच्चा मंद बुद्धि है—विकलांग है, कोई बहू गर्भ से है अथवा कोई बच्चेवाली है, किसी का पति बाहर परदेस में है, तो इन सबका ख्याल रखे। कोई भी सदस्य अपने आपको उपेक्षित, अकेला, असहाय, कमजोर न समझे। प्रत्येक सदस्य की कहां शादी होनी है, कौन-सा घर-वर उसके अनुकूल है, इन सब बातों का ख्याल भी गृहिणी को ही रखना पड़ता है। वास्तव में गृहिणी परिवार की 'गृहमंत्री' होती है। यदि गृहिणी के परिवार में अन्य बहुएं हैं, ननदें हैं, देवरानी, जेठानी हैं, तो इन सबसे कुछ इस प्रकार से तालमेल बिठाएं कि उनमें या आप में कहीं भी टकराव अथवा तनाव की स्थिति पैदा न हो। यदि परिवार का सदस्य वैचारिक मतभेदों के कारण आपके साथ रहना नहीं चाहता, तो व्यापक सोच अपनाएं और उसे अलग रहने के लिए स्वतंत्र करें। वास्तव में इस प्रकार की सोच जहां पारिवारिक संबंधों में मधुरता लाती है, वहीं सबको अपने-अपने तरीके से रहने-खाने की स्वतंत्रता भी प्राप्त होती है। इसलिए घुटन भरी ज़िन्दगी जीने के लिए परिवार के किसी सदस्य को विवश न करें। यह हो सकता है कि आप यह सोचें कि इससे बदनामी होगी... 'लोग बुरा थोड़े ही समझते हैं...।' लेकिन इससे भी बड़ी समस्या यह है कि क्रोध, वितृष्णा और आत्मग्लानि से पीड़ित युवा लड़के, लड़कियां क्या कदम उठाएं। यह भी तो आप नहीं जानतीं। इसलिए यह बहुत आवश्यक है कि उन्हें विवश न करें।

कभी-कभी कुछ गृहिणियों की सोच में असमानता का भाव पैदा हो जाता है। वह परिवार में ही असमानता का व्यवहार करने लगती हैं। ऐसे परिवार में बिखराव की दरारें शीघ्र चमकने लगती हैं। हमारे सामाजिक जीवन में गृहिणी को हमेशा यही सीख दी जाती है कि 'पात में दो भात' नहीं होते। इसके परिणाम अच्छे नहीं निकलते।

सुनीता का भरा-पूरा परिवार इसलिए बिखराव के कगार पर पहुंच गया, क्योंकि सुनीता सास-श्वसुर को खाना देने के बाद पति के आने पर कुछ विशिष्ट बनाती। एक-दो दिन तो पति ने यह सब सहा, आखिर वह यह सब भेद-भाव सहन न कर सका। उसे स्वयं अपने खाने पर ही आत्मग्लानि होने लगी और फिर एक घुमड़ता हुआ असंतोष फूट पड़ा। सुनीता को उसके इस असमान व्यवहार के लिए न केवल भला-बुरा सहना पड़ा, बल्कि पति ने घर पर खाना ही छोड़ दिया। सुनीता को अपने इस व्यवहार के कारण शास-श्वसुर से माफ़ी मांगनी पड़ी और भविष्य में ऐसा न करने के लिए वचन देना पड़ा।

परिवार में सबको समान रूप से मान-सम्मान देने से ही गृहिणी की इज्जत बढ़ती है। गृहिणी के इस व्यवहार के बदले ही परिवार के अन्य सदस्य गृहिणी के प्रति समर्पित होते हैं। उसकी आज्ञाओं का पालन करते हैं।

समानता के इस व्यवहार के लिए कभी-कभी गृहिणी को बड़े 'दौर' से गुजरना पड़ता है। वह धर्म संकट में फंस जाती है, लेकिन वास्तव में इन क्षणों में भावनाओं से परे हट कर केवल कर्त्तव्यों का पालन करना चाहिए।

अहंकार से बचें

आधुनिक व प्रगतिशील सोचवाली गृहिणियों में अपनी सुंदरता,

प्रगतिशीलता और अपने कमाऊ होने का इतना भूत सवार रहता है कि वे अपने सामने दूसरों को कुछ समझती ही नहीं। बात-बात में 'मेरी बला से...। मैंने सबका ज़िंदगी भर का ठेका थोड़े ही ले रखा है...।' जैसी अहम् भरी बातें करती हैं।

इस संबंध में श्रीमती रज़िया बोली, "मैं चाहे कितनी भी योग्य, बड़ी और प्रतिभाशाली क्यों न हो जाऊं, आखिर मुझे रहना तो उनके नियंत्रण में ही है, बीबी बनकर। मेरा यह एम.एस-सी पास होना, यह ऊंचा ओहदा, पांच अंकों में मिलने वाली तनख़ाह, यह रोब-रुतबा सब उस समय फीके लगने लगते हैं, जब घर जाते ही 'अम्मी जान' मेरी प्रशासनिक स्थिति की ज़रा भी परवाह न करते हुए घर में पैर रखते ही कह उठती हैं, "कितनी देर कर दी रज़िया...देख आज पांच-सात मेहमान आ रहे हैं, उन सबका खाना तो बना दे...।" तब ऐसा लगता है जैसे मैं कोई खरीदी गई बांदी हूं, इस घर की नौकरानी हूं। अंदर-ही-अंदर मैं इतना टूट जाती हूं कि तुम्हें क्या बताऊं ?"

"समझ में नहीं आता उनसे ज़्यादा कमाती हूं, ज़्यादा पढ़ी-लिखी हूं। ईश्वर की कृपा से रंग-रूप भी कोई बुरा नहीं है, फिर भी जब देखो, तब ताने-ही-ताने...व्यंग्य और हमेशा जली-कटी बातें...रोज-रोज की किट-किट इन सबसे तो अच्छा है कि सब को मुंह तोड़ जवाब दूं...सब-के-सब सीधे हो जाएं...।"

उच्च और अहम् भरी बातों की त्रासदी से त्रसित ये कुछ ऐसी गृहिणियों के विचार और उदाहरण हैं, जिनकी बातों में अहम् की बू आती है। उच्चता अथवा अपने 'सुपर' होने का यह कम्पलैक्स आज की उच्च परिवारों की गृहिणी की अपनी सोच है। आधुनिक समाज और परिवारों में अपनी इस अहम्-भरी सोच के कारण दांपत्य संबंधों में कटुता है। जो गृहिणियां इससे प्रभावित हैं, वे वास्तव में परिवार में सामंजस्य नहीं कर पा रही हैं और उन्हें केवल अपनी इस अहम्-भरी सोच के कारण ही अपनों के स्नेह से वंचित होना पड़ रहा है।

इसमें संदेह नहीं कि आर्थिक स्वतंत्रता ने गृहिणियों के जीवन को प्रभावित किया है। इससे जहां स्त्रियों में आत्मविश्वास और आत्मनिर्भरता की भावना जागृत हुई है, वहीं इन भावनाओं ने ही कहीं-न-कहीं पत्नी में, गृहिणी में उसके अहम् को भी जागृत किया है।

अहम् भरी इस सोच के कारण पति-पत्नी में टकराव की स्थिति निर्मित होने लगी है। एक दूसरे से श्रेष्ठ, बड़ा, सुपर बनने की होड़ पैदा हो गई है। यही होड़ एक-दूसरे को नीचा दिखाने जैसी विकृत स्थिति में पहुंच गई है। एक-दूसरे की सोच में अविश्वास की भावनाएं पैदा होने लगी हैं। यही अविश्वास दांपत्य संबंधों में दूरियां बढ़ाने में लगा हुआ है। पति-पत्नी एक ही छत के नीचे रहते हुए कई-कई दिनों तक नदी के दो किनारों जैसा जीवन जीते हैं। उनमें इस प्रकार की दूरियां उन्हें कहां ले जाएंगी ?

पुरुष प्रधान सामाजिक व्यवस्था में यदि पति कठोर, सनकी, जिद्दी और सुपर बनने वाला होगा, तो पति-पत्नी में समन्वय के अभाव में यह अहम् ही टकराव का कारण बनेगा, इसलिए परस्पर के इस टकराव को टालना बहुत ही आवश्यक है। गृहिणी ही इस टकराव को खत्म कर सकती है। इस विषय में गुरुनानक ने एक ही सलाह दी है—'एक ने कही दूजे ने मानी, नानक कहें दोनों ज्ञानी।'

अहम् भावनाएं पालना अथवा अहम् की सीमाओं में रहकर आत्मकेंद्रित होना पारिवारिक संबंधों पर प्रतिकूल प्रभाव डालता है। पारिवारिक स्नेह, खुशी, सुख-समृद्धि और परस्पर विश्वास के लिए गृहिणी को समन्वय कर अहम् से ऊपर सोचना चाहिए। इसमें अपने कमाऊ होने अथवा सुंदर होने पर इतराना जरूरी नहीं।

अपनी पारिवारिक स्थिति का मूल्यांकन करें। अहम् से ऊपर उठकर अपने आपको टूटने से बचाएं। यदि आप दूसरों से अधिक सुंदर हैं, प्रतिभावान हैं, योग्य हैं, साधन संपन्न हैं, तो अपनी इस योग्यता अथवा प्रतिभा का लाभ दूसरों को दें। हमेशा अपने घर में ही अपनी खुशियां तलाशें। पति की कमजोरियों, हीनताओं को उछालने से आपकी मान-प्रतिष्ठा कभी नहीं बढ़ेगी। न ही परिवार के सदस्यों को नीचा दिखाने की सोच पालें।

अपने अहम् की संतुष्टि के लिए दूसरों की कमियों, दोषों अथवा अभावों को न देखें, बल्कि दूसरों के गुणों को देखें। परिवार के अन्य सदस्यों की योग्यता और गुणों को भी मान्यता प्रदान करें। 'घर की मुर्ग़ी दाल बराबर...' न मानें।

अपने दृष्टिकोण को व्यापक बनाएं, पति अथवा पत्नी से प्रेरणा लें, उन्हें अपना संबंल मानें। पति अथवा परिवार के सदस्यों पर गर्व करें। 'मेरे अपने हैं...' का गर्व-गौरव प्राप्त करें। आपका गर्व-गौरव, अहम् तभी सुरक्षित रह सकता है, जब आप अपने से छोटों को साथ लेकर चलती हैं। आपका बड़प्पन तो छोटों से ही सुरक्षित रह सकता है। इसलिए आप टूटे परिवार जोड़ें। आप अनुभव करेंगी कि टूटने से जुड़ना ज़्यादा आसान है।

मधुर वाणी

मधुर वाणी गृहिणी का एक ऐसा गुण है, जिससे वह दूसरों के दिल में अपने लिए स्थान बना लेती है। अपनी वाणी को मधुर, कोमल, स्निग्ध और सरस बनाएं।

कमला ने आखिर तंग आकर रागिनी से कह ही दिया, 'रागिनी यह बता, तू चुप होने का क्या लेगी ?' कहने को तो बात बड़ी छोटी-सी थी, लेकिन वास्तव में यह समझदार के सामने डलिया रखने जैसी ही थी। इस प्रकार टिप्पणी उन गृहिणियों के लिए की जाती है, जो बिना सोचे-समझे कुछ भी बोलती रहती हैं। कुछ महिलाएं बात-बात में, बिना विषय पर बात करती रहती हैं। ऐसी औरतों को कई बार तो काफ़ी नीचा भी देखना पड़ता है।

आप चाहे सामाजिक जीवन में हों अथवा कामकाजी जिंदगी में, परिवार में हों अथवा पति के साथ; अपनी बातचीत को अत्यंत संक्षिप्त, शिष्ट और मधुर बनाएं। आप तब तक न बोलें, जब तक कि आप से कुछ पूछा न जाए अथवा आपका बोलना जरूरी न हो।

दूसरों की बातचीत में न बोलें। आप अपने विचार, अपने तर्क, अपनी सलाह दूसरों को तब तक न दें, जब तक कि कोई आपसे पूछे नहीं। अपने आपको आवश्यकता से अधिक बुद्धिमान, पढ़ा-लिखा, योग्य, चतुर, प्रगतिशील, सुंदर और होशियार न समझें। न ही अपनी उच्चता के प्रदर्शन के लिए अपने विचार और बातें दूसरों पर थोपें। बातचीत के इस सामान्य से दिखाई देने वाले पहले पाठ को मान्यता दें, इससे न केवल आपकी प्रतिष्ठा बढ़ेगी, बल्कि आपके व्यक्तित्व में भी गंभीरता आएगी। अपनी वाणी को मधुर बनाकर आप अपनी बातचीत को 'चीप' बनाने से रोकेंगी। अपनी बात को वजन दें और यह तभी संभव है, जब आप अपनी वाणी में मधुरता, सरसता लाएं। आधी रोटी पर दाल लेने की आदत से बाज आएं। संयत और संतुलित वाणी बोलें। आपकी वाणी इतनी आकर्षक हो कि सुनने वाले आपकी बात का इंतजार करें, आपकी बात सुनने के लिए उत्सुक हों। वाणी के इस मूल-मंत्र को अपनाएं, आपके व्यक्तित्व में निखार आएगा और आपकी वाणी में प्रभाव पैदा होगा।

'यह तो मैं पहले ही जानती थी...।', 'मुझे तो पता था...,' 'मैंने दुनिया देखी है...यह बाल धूप में सफेद नहीं किए हैं...' जैसी बातें कहकर दूसरों की निन्दा करना, दूसरों की हीनता उछालना उचित नहीं।

जहां भी दो व्यक्ति बात कर रहे हों, वहां से उठ जाएं या फिर किसी काम का बहाना बनाकर वहां से चले जाना ही शिष्टता है। हमेशा दूसरों को ही अधिक बोलने का अवसर दें। सुनें अधिक और बोलें कम। इससे आपकी वाणी में प्रभाव पैदा होगा और आप कहीं भी वाणी के कारण निन्दा की पात्र नहीं बनेंगी।

वाणी की मधुरता के चमत्कार

वाणी की मधुरता के निम्न चमत्कार देखने को मिलते हैं—

- वाणी की मधुरता आपके व्यक्तित्व को मुखरित करती है। चेहरे का तेज बढ़ाती है और आप आकर्षक दिखाई देती हैं।
- वाणी की मधुरता विरोधियों को भी आपके निकट लाएगी और उनके दिल में भी आपके प्रति आवेश कम होगा। आप से बात करते समय उनकी वाणी में स्वतः ही नम्रता आ जाएगी।
- वाणी की मधुरता अपशब्दों, व्यंग्य वाणों, तानों की भाषा पर नियंत्रण करती है।
- संबोधनों में स्निग्धता लाती है।
- कम शब्दों में अधिक अर्थवाली बात कहकर आप दूसरों पर अच्छा प्रभाव डालती हैं।
- क्रोध कर दूसरों की भावनाओं को आहत करने की अपेक्षा मधुर बोलकर आप अपने दिल की बात सरलता से, स्पष्ट कह सकती हैं। कभी-कभी क्रोध में कही गई बात का अर्थ अनर्थ में बदल जाता है। इससे कहने और सुनने वाले, दोनों ही लाभ के बजाय हानि में रहते हैं।

- धीरे और मधुर वाणी में कही गई बात दूसरों को आप से भावनात्मक रूप से जोड़ती है। कुछ अनकही बातें भी कहने जैसा अर्थ रखती हैं। इस विषय में हमेशा एक ही बात ध्यान रखें कि वाणी, जीव-जगत को ईश्वर का दिया हुआ उपहार है। इसका सदुपयोग ही करें। इस आदर्श को कभी न भूलें :

  ऐसी वाणी बोलिए, मन का आपा खोए।
  औरन को शीतल करें, आपहुं शीतल होए॥

क्रोध एवं ईर्ष्या को दूर भगाएं

क्रोध मनुष्य का सबसे बड़ा शत्रु है, जो व्यक्ति शांत-चित और बुद्धि का उपयोग कर संयमपूर्वक दूसरों की बात सुनते-समझते हैं, उस पर मनन करते हैं, उन्हें कभी भी किसी बात पर भड़काया नहीं जा सकता, वे जरा-जरा सी बातों में विचलित अथवा आपे से बाहर नहीं होते, उत्तेजित नहीं होते। आत्मसंयम और सहनशीलता के गुण गृहिणी को महान् बनाते हैं।

"क्या करूं बहन जी, गुस्सा तो जैसे इनकी नाक पर ही धरा रहता है, ज़रा-ज़रा सी बात पर आपे से बाहर हो जाते हैं। बच्चे तो इनके सामने ही नहीं आते। सीमा बेचारी भीगी बिल्ली बनी किताबें सामने रखकर उनके बाहर जाने का इंतजार करती रहती है...जितनी देर ये घर में रहते हैं, बच्चों की तो क्या, मेरी भी सांस ही सूखी रहती है...। न जाने कब क्या हो जाए, कह नहीं सकती...।"

प्रत्युत्तर में गृहिणी की मानसिकता का अनुमान भी लगाया जा सकता है। मतलब यह है कि परिवार में पति-पत्नी की नोक-झोंक से लेकर गृहिणी के क्रोधी व्यवहार तक का प्रभाव परिवार पर पड़ता है। मानसिक तनावों से घिरे पति-पत्नी अपनी-अपनी समस्याओं में तो उलझे ही रहते हैं, कभी-कभी वे अपनी सारी खीझ, सारा तनाव, उत्तेजना घर पर ही उतारते हैं। इसलिए गृहिणी बात-बात में यदि बच्चों को डांटती है, अपनों के प्रति उपेक्षा का भाव प्रकट करती है अथवा छोटी-छोटी बातों को लेकर तूल देती है, क्रोध करती है, तो इसमें अस्वाभाविक क्या है ? गृहिणी अथवा परिवार में कर्त्ता के क्रोध के कारण चाहे जो भी हों, इतना अवश्य है कि क्रोध के कारण परिवार का वातावरण खिंचा-खिंचा सा रहता है। परिवार के सभी सदस्यों का स्वभाव चिड़चिड़ा हो जाता है। ऐसे परिवारों के बच्चे भीरु, कायर, सुस्त, दब्बू हो जाते हैं। सारा परिवार एक अजीब-से तनाव में जीता है। ऐसे परिवार के सदस्य यहां तक कि गृहिणी भी न तो अपनी किसी सफलता पर प्रसन्न होती है और न ही उन्हें मानसिक संतुष्टि मिलती है। उन्हें अपने जीवन में कोई उत्साह भी दिखाई नहीं देता। वे हमेशा निराशावादी सोच में डूबे रहते हैं। बच्चे जानते हैं कि उनकी सफलताओं को देखने वाला कोई नहीं, उनकी प्रशंसा करने वाला कोई नहीं। गृहिणी के क्रोधी आचरण के कारण न तो बच्चों का घर में मन लगता है और न वे घर में प्रसन्न रह पाते हैं। यहां तक कि वे अपने दोस्तों को भी घर में लाने से संकोच करते हैं। वे गृहिणी के क्रोध की तलवार सदैव लटकती हुई अनुभव करते हैं। एक अजीब-सा आतंक उन पर हमेशा छाया रहता है। ऐसे तनाव और आतंक के वातावरण में भला वे गृहिणी से क्या अपेक्षाएं करेंगे और गृहिणी उन्हें क्या देगी ? तनाव और खिंचाव के इस वातावरण में कौन, कब, कहां टूट जाएगा, पता नहीं चलता।

"मैं तुम्हारी खरीदी हुई नौकरानी नहीं हूं...न ही तुम्हारा दिया हुआ खाती हूं...दफ्तर में साहब की सुनूं, घर में तुम्हारी और तुम्हारी मां की...। आखिर तुम लोगों ने मुझे समझ क्या लिया है...। अगर मेरी कमाई से तुम्हें इतनी ही नफरत थी, तो फिर नौकरी क्यों कराई...। जब नौकरी पर जाती हूं, तो दो आदमियों से बात तो करनी ही पड़ेगी, उसमें इतनी जलन क्यों...।" ऐसी बातें न तो किसी समस्या का हल हैं और न क्रोध का कोई ठोस आधार। परिवार का वातावरण मधुर, सौम्य, तनावरहित, सरल और सरस बनाने का दायित्व गृहिणी का है।

गृहिणी को चाहिए कि वह अपनी और अपने पति की आर्थिक, सामाजिक और मानसिक सीमाएं जाने। उनकी विवशताओं को जानें। उनके नैतिक और सामाजिक दायित्वों को जानें। पति को उसके दायित्वों को पूरा करने के लिए प्रेरित और प्रोत्साहित करें। जीवनसंगिनी और अर्धांगिनी होने के नाते पति की अपेक्षाओं को जानें, उन्हें पूरा करें। यदि पति के मन में कोई पूर्वाग्रह है, तो उसे दूर करें। उसका विश्वास प्राप्त करें।

क्रोध, आवेश, तनाव अथवा उत्तेजना के क्षणों में पति अथवा परिवार के किसी अन्य सदस्य का मजाक न उड़ाएं, बल्कि ऐसे क्षणों में शालीनता से उनका मन जीतें। आपका स्नेहजन्य मधुर व्यवहार ही किसी के क्रोध को कम करेगा। यदि आप स्वयं क्रोध की स्थिति में हों, तो उस स्थिति को समाप्त करें जो क्रोध का कारण हो। स्थान बदल दें। कमरे के अंदर आ जाएं या कमरे से बाहर खुले में आ जाएं। पानी पिएं। वासना, ईर्ष्या, प्रतिशोध, घृणा, जलन इनमें से किसी का प्रभाव भी यदि गृहिणी पर पड़ता है, तो वह मनुष्यता से गिर जाती है। गृहिणी को भी इन विषयों में हमेशा चिंतनशील बने रहना चाहिए और इनके प्रभावों से बचना चाहिए। इनके प्रभावों में आकर आप कितना गिर सकती हैं, इसकी आप कल्पना भी नहीं कर सकतीं और फिर आपके पास केवल आत्मग्लानि और पश्चात्ताप के सिवाय कुछ नहीं बचता।

ईर्ष्या

'क' ने ईर्ष्यावश अपनी ही जेठानी 'ख' के पुत्र को दूध में जहर दिया—अखबार में छपी एक ऐसी रोंगटे खड़े कर देने वाली खबर थी, जिसे पढ़कर लगा कि ईर्ष्या में आदमी क्या से क्या हो जाता है। जिस प्रकार से कपड़े में लगा हुआ कीड़ा कपड़े में छेद कर देता है, काट देता है, जीर्ण-क्षीर्ण कर देता है, उसी प्रकार से ईर्ष्या हमारे मन को, हमारे व्यवहारों को, हमारी सोच को जीर्ण-शीर्ण कर देती है।

"हां-हां, होने को तो उसका सोनू इंजीनियर है, लेकिन मुझे तो उसमें इंजीनियर जैसी कोई बात नज़र नहीं आती...।"

"हां-हां, तुम और तुम्हारे बच्चे तो रोज बादाम का हलुआ खाते हैं, हमारे बच्चे तो बेचारे सूखी रोटी में ही पल रहे हैं...।"

"समझ में नहीं आता, आखिर इतना पैसा आता कहां से है ? आखिर है तो स्कूल मास्टर ही, लेकिन हमसे अच्छा खाता है, अच्छा पहनता है, यहां तो यह हालत है कि दो-दो कमाने वाले हैं फिर भी...।"

'ईर्ष्या' की अभिव्यक्ति के ऐसे उदाहरण हैं, जो हमें अपने सामाजिक परिवेश में देखने-सुनने को मिल जाते हैं। कुछ गृहिणियां जाने-अनजाने में ही अपनी हीनताओं को छिपाती रहती हैं और दूसरों की प्रगति, खुशहाली अथवा उपलब्धियों, सफलताओं पर कुढ़ती रहती हैं। जब कोई परिचित अपनी योग्यता, परिश्रम अथवा अन्य साधनों से प्रगति कर जाता है, और हम जहां की तहां बनी रहती हैं, अपने लक्ष्य को प्राप्त नहीं कर पातीं, तो हमारे मन में पैदा हुए कुटिल और कुत्सित विचार ही ईर्ष्या कहलाते हैं। कई बार न चाहते हुए भी ऐसे विचार अथवा व्यवहार हमारे चेहरे पर आ जाते हैं। ऐसे अवसर पर ही हमारा आचरण और व्यवहार दूसरे के प्रति कर्कश, कठोर, अमानवीय, नीरस और अशुभ हो जाता है। कभी-कभी तो ईर्ष्या की यह अभिव्यक्ति हमारे कार्यों में ही व्यक्त होने लगती है। हमारा व्यवहार प्रतिशोधी भावनाओं से ग्रसित होने लगता है।

बच्चे को जहर देने वाली मानसिकता, मानवता से गिरने वाला व्यवहार तो है ही, साथ ही अपने आपसे भी गिरने वाला व्यवहार है। ईर्ष्या ऐसा ही आत्महीनता का व्यवहार है। अतः गृहिणी को ईर्ष्याजन्य सोच से दूर रहना चाहिए। ईर्ष्याजन्य व्यवहार प्रत्येक स्थिति में आत्मघाती व्यवहार है। ईर्ष्या कर हम दूसरों से कुछ ले नहीं सकते, बल्कि ईर्ष्या कर अन्य अनेक मनोवैज्ञानिक द्वेष हमारे मन में पैदा होने लगते हैं।

ईर्ष्याजन्य सोच गृहिणी को अकेला बनाती है, उसमें सहनशीलता भी कम होने लगती है। वह हमेशा लड़ने-झगड़ने के लिए उतारू रहती है। कुढ़न, ईर्ष्या की ही सहयोगी वृत्ति है। ईर्ष्यालु महिलाएं चिड़चिड़े स्वभाव की हो जाती हैं। उनका सोचने-समझने का दायरा संकुचित हो जाता है।

ईर्ष्या करने वाली महिलाएं हमेशा कुढ़ती रहती हैं। दूसरों की निंदा, दोषारोपण, हमेशा दूसरों में बुराइयां ढूंढ़ते रहना, दूसरों को नीचा दिखाने की सोच रखना आदि उनकी आदत बन जाती है। ऐसी गृहिणियां हमेशा तनाव में रहती हैं। यहां तक कि उनके इस व्यवहार के कारण उनका दांपत्य जीवन भी नीरस और असंतुष्ट बना रहता है।

ईर्ष्या हमारे मौलिक चिंतन को भी कुंठित करती है। हमारा रचनात्मक और सृजनात्मक पक्ष धूमिल होता है। इसलिए सर्वप्रथम हमें जीवन की नई परिभाषा जानने के प्रयास करने चाहिए, अपने स्तर पर दूसरों की प्रगति में सहायक बनना चाहिए। हम कितनी प्रगतिशील और बुद्धिमान

हैं, इसका अनुमान तो हमें तभी लगता है, जब हम अपने से अधिक पढ़ी-लिखी प्रगतिशील सोचवाली के संपर्क में आती हैं। ऊंट को भी अपनी लघुता का अंदाज तब होता है, जब वह पहाड़ के नीचे आता है। हम हमेशा यह विचार करें कि हमसे भी अधिक संपन्न, बुद्धिमान, प्रगतिशील सोचवाले हमारे पड़ोसी हैं।

दूसरों की प्रगति, सफलता, सुख-समृद्धि और उपलब्धियों पर प्रसन्न हों, अपनी प्रसन्नता दिल खोलकर प्रकट करें। दूसरों को बधाई दें, शुभ कामनाएं प्रकट करें। आशीर्वाद दें। मुस्कराकर उनकी प्रगति और सफलता को स्वीकारें। यहां तक कि यदि आप उचित समझें, तो उनकी इन सफलताओं पर अपनी ओर से उन्हें उपहार दें। घर आए मेहमानों का हार्दिक स्वागत करें। उनके प्रति अपनी कृतज्ञता ज्ञापित करें। वास्तव में इस प्रकार की सोच ही आपको ईर्ष्या से मुक्त करेगी।

दूसरों की प्रसन्नता, हंसी, खुशी, उमंग, उत्सव पर जी खोलकर हंसें। जहां कहीं भी किसी की निंदा हो रही हो, वहां चुप रहें और उसमें भाग न लें।

ईर्ष्या कोई असाध्य रोग नहीं, यह तो मानसिक विकृतियों का एक असामान्य व्यवहार है, जिसे हमारी स्नेहयुक्त मधुर मुस्कान मन से निकाल देती है। गृहिणी के रूप में आप इससे जितनी दूर रहेंगी, आपका पारिवारिक और दांपत्य जीवन उतना सरल, सुखी और संपन्न होगा।

दूसरों की प्रशंसा करें

दुर्भाग्य यह है कि हमारे सामाजिक और पारिवारिक जीवन में प्रशंसा संस्कृति का अभाव है। अच्छे व्यवहार के बाद भी कुछ लोग केवल दबे स्वर में 'शाबाश' या 'बहुत अच्छा' कह कर चुप हो जाते हैं। जबकि प्रशंसा एक मनोवैज्ञानिक उपचार है। किसी को अच्छे कार्यों के लिए प्रेरित और प्रभावित करने के लिए यह एक उत्तम टानिक है। बिना पैसे का अचूक टानिक। इस विषय में इतना ख्याल रखें कि आपकी स्थिति उस लोमड़ी जैसी न बने, जिसने कौए से रोटी का टुकड़ा हथियाने के लिए उसकी झूठी प्रशंसा कर अपना उल्लू सीधा किया था।

हमारे सामाजिक और पारिवारिक जीवन में ऐसे चालाक सियारों की कमी नहीं, जो हमारी इस मनोवैज्ञानिक कमजोरी का लाभ उठाकर हमारे मुंह पर तो हमारी प्रशंसा करते हैं और पीठ पीछे बुराई करते हैं। हम हैं कि अपनी प्रशंसा सुनकर फूलकर कुप्पा हो जाते हैं। दूसरों की चिकनी-चुपड़ी बातों में आ जाते हैं। हमें उनकी असलियत का तब पता चलता है, जब हमारे पास हाथ मलने के सिवाय कोई चारा नहीं रहता। हम ठग चुकी होती हैं।

इस विषय में केवल इतना कहना ही काफी होगा कि हमें ऐसी झूठी प्रशंसा न तो करनी चाहिए, न सुननी चाहिए, जो चमचागीरी अथवा चापलूसी की श्रेणी में आती है। जहां तक इस विषय में व्यावहारिक सोच का संबंध है, जब आप किसी की झूठी प्रशंसा करती हैं अथवा सुनती हैं, तो वह अलग ही दिखाई दे जाती है। थोड़े-से विवेक से ही आप शीघ्र इस निष्कर्ष पर पहुंच सकती हैं कि आपकी झूठी प्रशंसा की जा रही है। अतः आप स्वयं इस बात की परख करें। सच और झूठ की परख करना भी गृहिणी के लिए बहुत जरूरी है।

दूसरों के अच्छे कार्यों, व्यवहारों की प्रशंसा अवश्य करनी चाहिए, दिल खोलकर करनी चाहिए। यह प्रशंसा आप अपनी मां जी (सास) की भी कर सकती हैं और श्वसुर की, पति की, देवर अथवा देवरानी की भी। वास्तव में इस प्रकार की प्रशंसा आपकी स्वस्थ मानसिकता की परिचायक है। जब आप दूसरों को अच्छे कार्यों के लिए प्रेरित करती हैं। छोटे बच्चों के कार्यों की प्रशंसा कर आप उन्हें उन कार्यों के लिए उत्साहित करती हैं तो आपका प्रोत्साहन उनका उत्साह बढ़ाता है, उनकी सफलता का आधार बनता है।

''शाबाश! बहुत सुंदर लिखा है सलौनी ने...। तुम्हारी हैंडराइटिंग तो बिलकुल पापा जैसी बड़ी सुंदर है...।''

''बहुत खूब दीदी! कलर कम्बीनेशन तो कोई तुम से सीखे...। कमरे की ऐसी साज-सज्जा करके दिल खुश कर दिया तुमने। ऐसे परदे तो मैंने आज तक नहीं देखे...। भाई कमाल करती हो...। पैसा तो सभी खर्च करते हैं, लेकिन पैसे खर्च करने का तुम्हारा यह अंदाज वाकई तारीफ़ के लायक है...। मुझे बहुत पसंद है तुम्हारी यह सजावट...।''

''तुम्हारी श्वेता इस बार कक्षा में प्रथम आई है बधाई हो, पढ़े-लिखे भाई होने का यही तो फायदा है...। जरूरी तो नहीं कि पढ़-लिखकर कोई नौकरी ही करे...। यह लाभ तो

नौकरी से कहीं ज़्यादा अच्छा है। कम-से-कम बच्चे तो लायक बन रहे हैं...।''

इस प्रकार की प्रशंसा पाकर न तो कोई इतराएगा और न ही अपने आप पर घमंड करेगा। वास्तव में जब आप अपने पारिवारिक अथवा सामाजिक जीवन में इस प्रकार की प्रशंसा करती हैं, तो दूसरों को अच्छे कार्यों के लिए उत्साहित तो करती ही हैं, साथ ही दूसरों को उचित मान-सम्मान भी देती हैं। ऐसी प्रशंसा कर आप दूसरों का दिल भी जीतती हैं।

इसके विपरीत, यदि कोई आपसे यह कहे, ''मैं तो हमेशा तुम्हारे गुणों की तारीफ़ ही करती रहती हूं। समाज सेवा तो जैसे तुम्हारे जीवन का लक्ष्य ही बना हुआ है, हमारी संस्था भी आपके आशीर्वाद की आकांक्षी है, यदि हमें आपका आशीर्वाद मिल जाए, तो संस्था की उन्नति में चार चांद लग जाएंगे, आप हमें जितना अधिक-से-अधिक चन्दा दे सकें, हम संस्था के समारोह में आपका उतना ही ज्यादा सम्मान करेंगे...।''

''हमें तो बस आपका ही सहारा है, भगवान के बाद यदि हमें किसी पर भरोसा है, तो आपका ही है। अगर आपने सहारा न दिया होता, तो हम कहां जाते बहन जी, सही मानिए। आप तो हमारी अन्नदाता हैं...। आपका ही खा रहे हैं...।''

इस प्रकार की प्रशंसा चमचागीरी है, इससे बचें। न सुने, न करें। प्रशंसा सुनना हर मनुष्य की मनोवैज्ञानिक कमजोरी है। प्रशंसा सुनकर हमें एक अजीब-सी सुखानुभूति होती है, और चतुर लोग हमारी इस कमजोरी का लाभ उठाते हैं। इससे बचने का सरल उपाय यही है कि ऐसे लोगों से बचें, जो आपकी प्रशंसा स्वार्थपूर्ति के लिए करते हैं।

हम स्वयं भी दूसरों से बड़ी-बड़ी अपेक्षाएं न करें। अपने व्यवहार को अत्यंत संयत, संतुलित और सरल बनाएं। यह कभी न सोचें कि लोग आपके बारे में क्या सोचते हैं, बल्कि वे काम करें, जो आपको करने चाहिए, आपकी दृष्टि में सही हो, परिवार और समाज के हित में हो।

प्रशंसा पाने की आकांक्षा के बिना अपने व्यवहार को सामाजिक बनाएं। आप स्वयं ही प्रशंसा की पात्र बनेंगी, इस प्रकार की प्रशंसा जहां स्थाई होगी, वहीं आपको विवादों से बचाएगी।

वास्तव में प्रशंसा वह प्रकाश है, जो अच्छे कार्यों के कारण स्वतः ही पैदा होता है। अतः प्रशंसा करने का कोई भी अवसर हाथ से न जाने दें। इस प्रकार से अर्जित की गई प्रशंसा जहां गृहिणियों का मनोबल बढ़ाती है, वहीं वे भी इस बात के लिए सदैव प्रयासरत् रहती हैं कि वे अच्छे कार्य ही करें। अच्छा व्यवहार ही करें, ताकि वे दूसरों की प्रशंसा प्राप्त करती रहें, दूसरों की प्रशंसा करने में ध्यान रखें—

- एक ही व्यवहार की प्रशंसा बार-बार न करें।
- समय से पूर्व अनुमान अथवा अंदाज के भ्रम में प्रशंसा न करें।
- प्रशंसा की भाषा एक सी न रखें, सब जगह एक सी बात कहने में आप जग-हंसाई की पात्र बन सकती हैं।
- तुलनात्मक प्रशंसा न करें। ''सुधा तुम्हारा क्या मुकाबला करेगी, कहां तुम और कहां वह...। बिलकुल उसी तरह से—कहां राजा भोज कहां गंगू तेली...।''
- बच्चों, पड़ोसियों, नौकरों, मित्रों यहां तक कि घर आए मेहमानों को भी प्रशंसा से प्रभावित करें।
- छोटे-से-छोटे व्यवहार की भी प्रशंसा करें, क्योंकि कभी-कभी बहुत छोटी-सी बात भी दिल में घर कर जाती है।

प्रशंसा मधुर संबंधों का आधार है, इसलिए इस विषय में कंजूसी न बरतें।

सहयोगी भावना

दूसरों की सहायता करना, कठिन अथवा विषम परिस्थितियों में सहयोग करना गृहिणी को मान-प्रतिष्ठा दिलाता है। अवसर चाहे खुशी का हो अथवा ग़मी का, अपने स्तर पर सबका सहयोग करें। सहयोग के इस व्यवहार के बदले में किसी प्रकार की अपेक्षा न करें। परिवार के सभी सदस्य गृहिणी से इसलिए भी सहयोग की अपेक्षा करते हैं, क्योंकि वह सुबह से शाम तक घर के कामों में जुटी रहती है। परिवार के लोगों को यह विश्वास होता है कि उन्हें गृहिणी से तो सहयोग मिलेगा ही, वास्तव में वह परिवार के सदस्यों का यह विश्वास भी बनाए रखती है, इसलिए उन्हें यथाशक्ति सहयोग देती है।

लालच से बचें

अकसर समाचार-पत्रों में इस प्रकार की खबरें छोटे-बड़े

शीर्षकों के साथ छपती रही हैं कि कुछ महिलाएं धन दूना करने के चक्कर में ठगी गईं। इस प्रकार की घटनाओं के पीछे गृहिणियों की लालच की प्रवृत्ति होती है। गृहिणी को कभी भी, किसी भी प्रकार के लालच में नहीं पड़ना चाहिए। लालच में आकर न केवल महिलाएं ठगी जाती हैं, बल्कि अपनी मूल पूंजी भी गवां बैठती हैं। कभी-कभी बड़ी परेशानियों में फंस जाती हैं।

सेल, मुफ़्त उपहार, स्कीम, लाटरी, जुआ, आसान किश्तों में सामान आदि के विज्ञापन देखकर जो गृहिणियां प्रभावित होती हैं, वे कहीं-न-कहीं अवश्य धोखा खाती हैं। ठगी जाती हैं। उन्हें अपनी इस लालच की सोच के परिणाम-स्वरूप पश्चात्ताप ही करना पड़ता है। कामकाजी महिलाएं भी कई प्रकार के प्रलोभनों के फेर में पड़ जाती हैं। उनके सामने भी कई प्रकार के प्रलोभन 'परोसे' जाते हैं। 'कंपनी अथवा विभाग के खर्च पर शिमला अथवा गोवा' चलने का आग्रह, 'लिफ्ट लेना' 'संस्थान के उपकरणों का निजी उपयोग...।' आदि ऐसे व्यवहार हैं, जिन्हें कामकाजी महिलाएं स्वीकारती हैं और फिर अपने ही बुने हुए इस जाल में फंस जाती हैं।

कामकाजी जीवन में अथवा परिवार में गृहिणियों के सामने लालच में पड़ने के ये व्यवहार भले ही देखने-सुनने में सामान्य-से दिखाई देते हैं, लेकिन लोग इनका हमेशा अनुचित लाभ उठाते हैं। लालच अथवा प्रलोभनों से बचने का सरल उपाय यह है कि आप हमेशा अपने काम से संबंध रखें।

यह एक कटु सत्य है कि हर कोई व्यक्ति अपने किए हुए अहसानों का मूल्य चाहता है, समय आने पर ऐसे लोग ही आपसे ऐसे भुगतानों की अपेक्षा करते हैं। अहसानों को भुनाते हैं। जब कभी आप किसी लालच में फंस जाती हैं, तो आपके सामने हीनता प्रदर्शित करने के सिवा कोई चारा नहीं रहता। यहां तक कि कभी-कभी आपको ब्लैकमेल का शिकार भी होना पड़ सकता है।

''सर! आपसे क्या छुपाना...। वो तो बीमार रहते हैं, घर में मेरे सिवा और कोई कमाने वाला भी तो नहीं...। आपकी कृपा हो जाए...। मैं सब काम कर सकती हूं...।''

नौकरी का झांसा, काम दिलाने का प्रलोभन अथवा लालच आदि ऐसी अनेक कमजोरियां हैं, जो आपको प्रसन्न करने के लिए, आपकी आंखों में चमक पैदा करने के लिए व्यवहार किए जाते हैं। इसलिए आप ऐसे लोगों से दूर ही रहें। यदि आप समझती हैं कि कोई आपको लालच देकर आकर्षित करना चाह रहा है, तो उसका विरोध करें, भले ही इसके लिए आपको तीसरा नेत्र ही क्यों न खोलना पड़े। लालच में पड़कर आपको पश्चात्ताप के सिवा कुछ हाथ न लगेगा। इस संबंध में इतना जान लें कि लालच में पड़कर आपके पल्ले हीनता ही पड़ेगी, इसलिए जाने-अनजाने किसी प्रकार की लालच में न पड़ें। प्रलोभनों की चमक से दूर रहें।

कुछ धार्मिक बनें

धारण करने योग्य आचरण धर्म कहलाता है। धर्म ही हमें नैतिक आदर्शों की ओर बढ़ने के लिए प्रेरित करता है। हमारी भावनाओं को पवित्र बनाता है। कट्टर धार्मिक बनने से आपकी सोच में अंतर आ सकता है, लेकिन धार्मिक बनने से तो आपकी सोच और दृष्टिकोण में भी व्यापकता आती है, जैसे जीवों पर दया करो, गरीबों पर दया करो, निर्बल को न सताएं आदि बातें धर्म की श्रेणी में ही आती हैं। मानवतावादी आदर्श ही धर्म के रूप में अपनाएं। हर समय भौतिकवादी कार्यों से हटकर कुछ समय उस सर्वशक्तिमान ईश्वर के ध्यान में भी लगाएं, जिससे मन को शांति मिलती है। वह चाहे पूजापाठ हो, हवन हो, जप-तप, आराधना, साधना कुछ भी हो, जो भी आपको अच्छा लगे, वह करें। इससे जहां मन को शांति मिलती है, वहीं आपके मन में कलुषित विचार भी नहीं आते।

धार्मिक बनने से आशय केवल इतना ही है कि—

- अपने आराध्य देव की पूजा, अर्चना, साधना के लिए कुछ समय अवश्य निकालें। इस समय मन, वचन और कर्म से शुद्ध होकर शांत, स्वच्छ और एकान्त स्थान में बैठकर ध्यान लगाएं। इससे आत्मबल बढ़ता है।
- मन में आई दुर्भावनाएं, ईर्ष्या, अन्य विचार, भय आदि से मुक्त होकर ईश्वर में विश्वास रखें। वह कभी किसी का अहित नहीं करता।
- निरन्तर पूजा-अर्चना करने वाली महिलाएं गलत व्यवहारों, आदतों, प्रवृत्तियों से बची रहती हैं।
- व्यर्थ के कुतर्क न करें। व्रत रखें। अपनी सांस्कृतिक परम्पराओं का निर्वाह करें। बच्चों में भी इसकी आदत

डालें। बच्चों में पड़े हुए ये संस्कार ही उन्हें सामाजिक बनाते हैं।

- ईश्वर की दी हुई असीम सुविधाओं के प्रति हमेशा कृतज्ञ रहें और उसकी कृपा के प्रति याचक बने रहें।
- विषम परिस्थितियों में भी अपने आराध्य के प्रति विश्वास भाव से जुड़ी रहें। अपनी इच्छाओं, कामनाओं को कभी भी अपने ऊपर न बढ़ने दें। 'क्या करें कन्ट्रोल ही नहीं होता...' कह कर अपनी मानसिक हीनता का प्रदर्शन न करें।
- आराध्य के जिन गुणों का अनुसरण कर सकें, उन्हें अवश्य करें।
- जहां तक हो, आराध्य देव का स्मरण अवश्य करें। पूजा करते समय किसी प्रकार का क्रोध, भय, हीनता जैसे भाव मन में न लाएं।
- फल की आशा में पूजा न करें। यदि मनोवांछित फल न भी मिले, तो इसका यह अर्थ नहीं कि ईश्वर ने आपकी पूजा स्वीकार नहीं की। आराध्य के प्रति अपनी आस्था और विश्वास को कम न होने दें।
- घर की जिम्मेदारियों की अनदेखी कर किसी साधु-संत के प्रवचन सुनने अथवा कथा सुनने न जाएं। कार्य को ही पूजा समझकर पहले अपने पारिवारिक दायित्वों को पूरा करें। इससे मन की शांति सुरक्षित रहेगी।
- त्याग, आदर्शों की परम्परा आगे बढ़ाने के लिए बहू-बेटों के सामने आदर्श प्रस्तुत करें। अपनी कथनी और करनी में अंतर न आने दें।

धार्मिक महिला अथवा पुरुष के मन में दूषित विचार नहीं आते। धर्म और संस्कृति ही हमें धार्मिक बनाते हैं, सामाजिक बनाते हैं। हमें समाज और परिवार से जोड़ते हैं। पूजन से घर का वातावरण शुद्ध होता है, जिससे हमारी भावनाएं प्रेरित होती हैं, प्रभावित होती हैं, परिवार को संस्कार युक्त बनाती हैं।

घर में मंदिर बनाकर पूजा-पाठ करना आधुनिक जीवन शैली का अंग है। घर चाहे बड़ा हो अथवा छोटा, प्रत्येक घर में 'पूजा का स्थान' होता है। कुशल गृहिणी इस स्थान की मान-मर्यादा के लिए नहाने-धोने के बाद प्रतिदिन पूजा कर सुख का अनुभव करती है। यही धार्मिक संस्कार घर में आने वाली बहू को विरासत में दिए जाते हैं।

भारत में विभिन्न धर्मों के मानने वाले रहते हैं। हिन्दू गृहिणियां रामायण, गीता, शिव चालीसा, दुर्गा चालीसा, हनुमान चालीसा, सत्य नारायण की कथा आदि का पाठ करती हैं, तो मुस्लिम महिलाएं भी घर में सिर ढककर अल्लाह की इबादत करती हैं। जैन महिलाएं सुबह-सुबह मंदिर जाकर अपने दिन की शुरुआत करती हैं। सिख महिलाएं 'सुखमणीसाहब', 'जपजी साहब', 'रहवास', 'आनन्द साहब' और 'कीर्तन सौला' का पाठ करती हैं।

आर्य समाज को मानने वाले हवन कर गायत्री मंत्र का जाप करते हैं। क्षमाशीलता, सहनशीलता, मितव्ययता, शालीनता, शिष्टता अन्य ऐसे गुण हैं, जो आदर्श गृहिणी में होने चाहिए। इन गुणों से न केवल गृहिणी का मान बढ़ता है, बल्कि उसके जीवन में भी खुशियां आती हैं। आदर्श गृहिणी के ये गुण न केवल उसके व्यक्तित्व को निखारते हैं, बल्कि परिवार और समाज के अन्य सदस्य भी उसके इन गुणों से प्रभावित होते हैं और इस प्रकार से एक स्वस्थ समाज की रचना होती है।

अध्याय 4

आचरण एवं व्यवहार

सोने की परख कसौटी पर कसने से और गृहिणी की परख उसके आचरण एवं व्यवहार से होती है। आचरण और व्यवहार वह सुगंध है, जो हमारे सामाजिक और पारिवारिक वातावरण को अनजाने ही प्रफुल्ल कर जाती है। सुगंध के लिए गृहिणी को चाहिए कि वह सुगंधा बने।

सुजाता ने बैग कंधे पर लटकाया, रूमाल से पसीना पोंछा और बोली, "मां जी, मैंने चौका संभाल दिया है। लौटते समय सब्जी भी लेती आऊंगी...। कुछ देर हो सकती है। आप मेरा इंतज़ार मत करना...।"

"सीमा दीदी, इन साड़ियों के पर्दे बनवा लो। एक तो इन साड़ियों के प्रिंट भी तुम्हारी बाहर खुलने वाली खिड़कियों से मिलते-जुलते हैं, दूसरे दीवारों का शैड भी...।"

"इसे तो आपको स्वीकार करना ही होगा...। आखिर आपकी अंजू मेरी भी तो बेटी है। यह कैसे हो सकता है कि मैं उसे उसके बर्थडे पर उपहार न दूं...।"

कामकाजी जीवन हो अथवा घर-संसार। गृहिणी की सुघड़ता जब आचरण और व्यवहार में दिखाई देने लगती है, तो वह उसके व्यक्तित्व की विशेषता बन जाती है। इन गुणों के कारण ही उन्हें सबका सम्मान और प्रतिष्ठा प्राप्त होती है और वे सबकी प्रिय आंटी, मौसी, दीदी बन जाती हैं। वास्तव में गृहिणी के इन गुणों को ही सुघड़ता की संज्ञा दी जाती है। हमारे इन व्यवहारों से दूसरे भी कुछ सीखते हैं। आचरण और व्यवहार से हमारा तात्पर्य उन गुणों से है, जो प्रत्यक्ष अथवा अप्रत्यक्ष रूप में दूसरों को प्रभावित करते हैं, अच्छे लगते हैं। वाणी की मधुरता, व्यवहार में स्नेह, पहनावे में सादगी और सौम्यता, बनाव-शृंगार में सुरुचि इतनी हो कि संपर्क में आने वाला व्यक्ति आपसे प्रभावित हुए बिना न रह सके। हम अपने प्रत्येक आचरण में उसकी प्रशंसा-भरी नज़रों की पात्र बनें।

बहुत-सी गृहिणियों का काम करने का तरीका और सलीका इतना बेकार और फूहड़ होता है कि बना-बनाया काम बिगड़ जाता है। अव्यवस्थित तरीके से किया गया कार्य, न तो अच्छा लगता है और न ही वह पूरा हो पाता है। अतः आप जब भी कोई काम करें, उसे पूरी गंभीरता के साथ एवं पूर्व तैयारी करके करें। वह चाहे रसोई का काम हो अथवा शादी-ब्याह या पार्टी का आयोजन। पहले से ही पूरी रूपरेखा बनाकर अपने आपको मानसिक रूप से तैयार करें। आपके काम में कुछ अतिरिक्त सुघड़ता अवश्य दिखाई देनी चाहिए, भले ही इसमें कुछ अधिक समय लग जाए।

पारिवारिक सुघड़ता का सबसे बड़ा प्रभाव आपके मितव्ययी होने पर पड़ता है। अपने दैनिक जीवन में प्रत्येक वस्तु का उपयोग अपने विवेक से करें। वह चाहे खाने-पीने की वस्तुएं हों अथवा गृह-सज्जा की। मितव्ययी होना एक अच्छा आचरण है, इसलिए आप अपने सीमित साधनों से भी स्तरीय जीवन यापन करें।

"जितना तुम्हारे घर में बनता है, उतना तो हमारे घर में जूठन में फेंक दिया जाता है या उतना तो हम थाली में जूठा छोड़ देते हैं...।" कह कर अपनी संपन्नता का प्रदर्शन

कोई भले ही कर ले, लेकिन इस बात में सुघड़ता नहीं है, न ही इस पर गर्व कर इतराने की भूल करें।

अपनी कथनी और करनी में अंतर न आने दें। कहने का तात्पर्य यह है कि अपने व्यावहारिक आचरण को इतना प्रभावी बनाएं कि आप दूसरों के लिए आदर्श बन जाएं। अपने विचारों को इतना उदार, प्रगतिशील और सहिष्णु बनाएं कि दूसरों के मन में आपके प्रति कोई हीन विचार आ ही न सके। आप अपनी प्रतिभा के लाभ औरों को दें। यदि आप साधनसंपन्न हैं, तो अपने पर इतराने की अपेक्षा अपनी सीमा में ऐसे लोगों की मदद करें, जो आपकी मदद के इच्छुक हैं। अपनी सामर्थ्य में ऐसी संस्थाओं को आर्थिक रूप से मदद करें, जो आपके आदर्शों के अनुकूल कार्य कर रही हैं अथवा जो आपके आदर्शों के अनुकूल काम करना चाहती हैं। ऐसे स्कूलों में जाएं, जहां लड़के-लड़कियां साधनों के अभाव से ग्रसित हैं। उनकी मदद करें।

आप चाहे घर में हों, संस्थान में हों, बच्चों के बीच हों अथवा अन्य सामाजिक क्षेत्र में, जनता के बीच में हों अथवा किसी सामाजिक संस्था के बीच, अपनी बात को बड़ी शिष्टता और नम्रता से कहें। आजकल साधन संपन्न पढ़ी-लिखी महिलाएं तेवर चढ़ाकर बात करती हैं, अहं-भरी सोच परिवार पर लादना चाहती हैं, अपनी उच्चता का प्रदर्शन करना चाहती हैं। ऐसी महिलाएं न केवल सामाजिक क्षेत्र में, बल्कि पारिवारिक क्षेत्र में भी अकेली रह जाती हैं। ऐसी गृहिणियों का बुढ़ापा बड़ी कठिनाई से व्यतीत होता है, क्योंकि समन्वय

न कर पाने के कारण युवा लड़के-लड़कियां भी इनका साथ छोड़ जाते हैं।

घर आए मेहमानों का हार्दिक स्वागत करें। उन्हें पात्रानुसार स्नेह, सम्मान और मान-प्रतिष्ठा दें। विदा के समय उन्हें उचित उपहार भी दें। दिखावे अथवा हीनता के प्रभाव में आकर कभी भी उनके सामने अपना रोना न रोएं। न ही अति उत्साह में आकर कभी अपनी सीमाओं का उल्लंघन करें। अकसर कुछ भाभियां देवरों से, जीजा सालियों से मर्यादा के विपरीत हंसी-मजाक करती हैं, या फिर कुछ मुहल्ले-पड़ोस वाले लड़के ही ऐसा व्यवहार कर देते हैं, जो आपकी मान-प्रतिष्ठा के विपरीत होता है। ऐसे किसी भी मजाक का कड़े शब्दों में विरोध करें, ताकि कोई आपकी ओर से प्रोत्साहन न पा सके। वास्तव में ऐसे संबंधों को प्रोत्साहन मिलते ही ये 'अमर्यादित' होने लगते हैं।

दूसरों की सहानुभूति पाने के क्रम में अपनी हीनता प्रकट न करें। अपने पति अथवा ससुर की निंदा कर, अपने देवर की शियकतें कर, अपनी ननद की हरकतों पर बयानबाजी कर न तो आपकी प्रतिष्ठा ही बढ़ेगी और न ही परिवार की कोई समस्या ही हल होगी। अतः इस संबंध में अपने व्यवहार को गरिमायुक्त गंभीरता प्रदान करें।

किसी भी स्तर पर छिछला व्यवहार न करें। यदि कभी कोई अप्रिय हादसा हो भी गया हो, तो उसे एक अप्रिय प्रसंग समझ कर भुला दें। दूसरों में विश्वास प्रकट करें। यदि आप बड़े घर की बहू-बेटी हैं और संयुक्त परिवार की मर्यादाओं का पालन करना पड़ रहा है, तो गर्व के साथ ऐसा करें। अपने आचरण को अवसर के अनुकूल बनाएं। शादी-ब्याह के अवसर पर अथवा तीज-त्योहारों पर अथवा अन्य किसी ऐसे ही शुभ अवसर पर 'सिर बांध' कर बैठना अथवा 'कोप भवन' में जाकर लेटना, मुंह फुलाना अशिष्टता तो है ही, साथ ही खानदानीपन के भी खिलाफ़ है। अतः ध्यान दें कि ऐसे अवसरों पर आप सबकी नज़रों में आती हैं। अपने इस आचरण और व्यवहार में मृदुता का परिचय दें और प्रत्येक सदस्य की अपेक्षाएं जानें। उन्हें अपने स्तर पर पूरा करें। उन्हें यथेष्ठ मान-सम्मान दें, ताकि उनके दिल में आपकी अच्छी छवि बन सके।

''लाला जी, आपके लिए बिना चीनी की चाय...।''

''मां जी, यह शाल आपके लिए है। सुबह के समय सर्दी ज़्यादा पड़ती है, इसे पहना कीजिए...।''

''शालिनी तुम्हें पार्क जाना है, तो मुझे बताकर जाना। तुम्हारे साथ नौकर को भेज दूंगी। रात देर हो जाएगी लौटने में...।''

ऐसी बातें न केवल मेहमानों का दिल जीत लेती हैं, बल्कि उन्हें आपके प्रति सामर्पित होने की प्रेरणा भी देती हैं। बच्चों में ऐसे संस्कार डालें कि वे अनुशासित तो बनें ही, साथ ही जीवन के प्रत्येक क्षेत्र में जुड़े रहें। अपनी सफ़ाई, जूतों की देख-भाल, रख-रखाव आदि प्रारम्भ से ही ऐसा रखें कि बाद में यही आदत उन्हें जीवन-भर सुखी रखे। बच्चों को प्रारम्भ से ही व्यावहारिक जीवन का प्रशिक्षण दें।

आचरण और व्यवहार दो ऐसे पक्ष हैं, जो गृहिणी की कुशलता को हर क्षेत्र में प्रभावित करते हैं। अपनी सुघड़ता और कुशलता का प्रदर्शन क़दम-क़दम पर करें।

बड़ों का अभिवादन करें

अपने परिचय क्षेत्र में सबका अभिवादन करें, अभिवादन स्वीकार करें। अभिवादन कर हम एक दूसरे के प्रति अपनी सद्भावनाएं, सम्मान, शुभकामनाएं, स्नेह प्रदर्शित करती हैं। आपकी एक हलकी-सी मुस्कान जहां दूसरों को आपसे जोड़ती है, वहीं स्नेहपूर्ण आत्मीय अभिवादन पाने की इच्छा हर व्यक्ति में होती है। आप अपने सामाजिक, पारिवारिक और कामकाजी जीवन में इस इच्छा की पूर्ति खुले दिल से करें।

'हैलो...।', 'हाय...', 'नमस्ते', 'सतश्रीकाल', 'राम राम' आदि औपचारिक अभिवादन के शब्द हैं, तो दूसरी ओर बढ़कर हाथ मिलाना, आशीर्वाद प्राप्त करने के लिए सिर अथवा पीठ आगे करना, आगे बढ़कर चरण स्पर्श करना, आत्मीयजन को गले से लगाना आदि भी अभिवादन के अंग हैं। वास्तव में ऐसे अभिवादनों का प्रभाव हृदय की गहराइयों तक पड़ता है। इसलिए आप जहां भी हों, परस्पर अभिवादन की इन क्रियाओं का उपयोग यथासंभव करें। विशेषकर तब, जब आप मुहल्ले-पड़ोस की किसी वृद्ध महिला अथवा पुरुष से मिलें। ऐसे सम्मानित पुरुष अथवा महिला के चरण स्पर्श कर उनका आशीर्वाद प्राप्त करें। ऐसे आशीर्वाद सामाजिक जीवन में अवश्य फलीभूत होते हैं। यदि न भी हों, तो भी

आपको कुशल गृहिणी होने का मान-सम्मान तो दिलाते ही हैं। अतः संपर्क क्षेत्र में इस प्रकार के आचरण और व्यवहार को शिष्टाचार के रूप में अपनाएं।

बातचीत की कला

गृहिणी के आचरण और व्यवहार में बातचीत का बड़ा महत्त्व है। इसे अपनी सफलता का आधार मानें। बातचीत के क्रम में हमेशा दूसरों की सुनने की आदत डालें। मुहल्ले, पड़ोस की किसी भी महिला से परिचय प्राप्त करने के उद्देश्य से यदि आप पहल करती हैं, तो इसकी शुरुआत कुछ इस प्रकार से करें :

''नमस्ते बहन जी। इस कोठी में आप ही नई आई हैं। मैं मिसेज शर्मा सामने जी-15 में रहती हूं। किसी चीज़ की आवश्यकता हो, तो नौकर को भेजकर मंगा लीजिएगा... ।''

इस प्रकार की बातचीत जहां आपके संपर्क सूत्र का आधार प्रस्तुत करती है, वहीं संबंध बनाने की शुरुआत भी होती है। ध्यान रखें कि अपनी बातचीत में किसी भी स्तर पर अपनी प्रशंसा अथवा अपनी भाग्यहीनता का रोना न रोएं। न ही अपनी बातचीत में किसी प्रकार की असंसदीय भाषा अथवा गंदी गाली का प्रयोग करें। आप चाहे कितनी ही निकटतम सहेलियों में बैठी हों, गंदी गालियों का प्रयोग न करें। कम बोलें, मधुर बोलें। कम बोलने का सबसे बड़ा लाभ यह होता है कि आप अनावश्यक बातें नहीं करतीं और आपको किसी प्रकार के विवादों का सामना नहीं करना पड़ता।

संबंधों की प्रगाढ़ता इस बात पर निर्भर करती है कि आप अपने सामाजिक जीवन और परिचय क्षेत्र में कितनी शिष्ट हैं। मित्रों, पड़ोसियों, निकट संबंधियों, सहकर्मियों से संबंध बनाते समय इस बात का ध्यान रखें कि आप अपनी ओर से हमेशा मैत्री संबंधों का निर्वाह करें। आपके पड़ोसियों को आपके साथ अच्छे मैत्री संबंध होने का गर्व-गौरव होना चाहिए। ऐसे संबंधों को बनाते समय इस बात का भी ध्यान आप ही रखें कि आपके इन संबंधों का प्रभाव उनके पारिवारिक जीवन पर क्या पड़ रहा है?

पड़ोस की मिसेज आनन्द के दोनों बच्चे देहरादून होस्टल में पढ़ते हैं। इसलिए समय काटना उनकी समस्या है, वे अपनी इस इच्छा की पूर्ति मुहल्ले-पड़ोस की महिलाओं से करती हैं, लेकिन शाम को जैसे ही मिस्टर आनन्द घर आते हैं, तो पूरे घर को अस्त-व्यस्त देखकर उनका मूड खराब होने लगता है। इस स्थिति के लिए वे पत्नी को तो कुछ नहीं कह पाते, लेकिन पड़ोसियों को हमेशा उपेक्षा-भरी नज़रों से देखते हैं। अब पड़ोसी भी मिस्टर आनन्द की मानसिकता समझने लगे हैं, लेकिन वे मिसेज आनन्द से कुछ नहीं कह पाते।

आशय यह है कि पड़ोस में मिलने, बैठने, संबंध बनाने आदि में आप केवल पड़ोसी महिला का ही ध्यान न रखें, बल्कि उस घर में रह रहे अन्य सदस्यों की भावनाएं भी समझें।

इसी प्रकार से घरेलू नौकर, कार्यालय सहायक से भी अपने मधुर संबंध बनाकर रखें। ध्यान रखें कि घरेलू नौकर अथवा कार्यालय सहायक तभी तक आपके प्रति वफ़ादार, लाभदायक रह सकते हैं, जब तक उनके साथ आपके संबंध मधुर अथवा मर्यादित बने हैं, इसके बाद तो यही घरेलू नौकर अथवा सहायक आपके लिए अभिशाप अथवा मुसीबत बन सकते हैं। घरेलू नौकरों अथवा काम करने वालियों के साथ शिष्टता से पेश आएं। गाली देकर, उन्हें भला-बुरा कहकर आप उन्हें अपने प्रति वफ़ादार नहीं बना सकतीं। उनसे काम कराते समय हमेशा उनके साथ रहें, उन्हें इस बात का अहसास कभी न होने दें कि उनके बिना घर का कोई काम हो ही नहीं सकता।

पार्टी या घरेलू आयोजन में व्यवहार

पारिवारिक, सामाजिक क्षेत्र और सह कुटुंबियों में आपकी कुशलता इस बात से आंकी जाती है कि आप अपने घर में आयोजित होने वाले कार्यक्रमों को कितनी सुघड़ता से आयोजित करती हैं। इसलिए ऐसे किसी भी अवसर पर बड़ी दूरदर्शिता के साथ काम करें। पार्टी के आयोजन का समय, आमंत्रित मेहमानों की सूची, उनके स्वागत की पूरी-पूरी व्यवस्था आदि बातों को पहले से ही सोच लें। जिन मेहमानों को आप बुलाना चाहती हैं, उन्हें समय पर सूचना मिल जाए, उनकी सहमति से आश्वस्त हो लें। घर आने पर उनका हार्दिक स्वागत करें। उन्हें व्यक्तिगत रूप से पूछें। उन्हें स्नेह के साथ भोजन परोसें, खिलाएं और फिर समय पर उन्हें विदा करें। विदा के इन क्षणों में उन्हें आने के लिए धन्यवाद दें,

कृतज्ञता ज्ञापित करें, साथ आए बच्चों को कुछ 'रिटर्न गिफ्ट' भी दें।

यदि आप घर में बच्चे के जन्म दिन पर किसी पार्टी का आयोजन कर रही हैं, जिसमें केवल बच्चों को ही बुलाया गया हो, तो ध्यान रखें कि आने वाले बच्चों को सद्भावना उपहार अवश्य दें। पार्टी का आयोजन चाहे आप किसी भी स्तर पर करें, उपहार देने अथवा लेने में लाभ-हानि का हिसाब-किताब कभी न लगाएं।

पत्रों द्वारा संपर्क बनाए रखें

सामाजिक और पारिवारिक जीवन में अपनों से निरंतर संपर्क बनाए रखें। पत्र संपर्क सूत्र बनाने का सर्वोत्तम माध्यम है। बातचीत के बाद अभिव्यक्ति का यह एक ऐसा माध्यम है, जो आपको अपनों से जोड़ता है। कुछ लोग इसे औपचारिकता मात्र मानते हैं, लेकिन वास्तव में यह एक ऐसा माध्यम है, जो आपको हमेशा अपनों से जोड़कर रखता है। पत्रों के माध्यम से आप अपनों को अपने अधिक नज़दीक लाती हैं। पत्र हृदय की गहराइयों तक प्रभाव डालते हैं, क्योंकि भावनाओं की अभिव्यक्ति जितनी अधिक पत्रों के माध्यम से हो सकती है, उतनी प्रत्यक्ष में भी नहीं हो पाती। पत्र आप चाहे जिसे लिखें, संबंधी और संबोधनों का ध्यान रखें। ये संबोधन हृदय पर सीधा प्रभाव डालते हैं।

'प्रिय वीरेन्द्र...।', 'प्रिय अनीता...', 'प्रिय सलोनी बेटी...' लिखकर अपना आत्मीय संबोधन दें। इसी प्रकार से पत्र के अंत में भी 'तुम्हारी अपनी...', 'ढेर सारे प्यार के साथ तुम्हारी मम्मी...' 'बड़ी दीदी...', लिखने मात्र से ही इस प्रकार के संबंधों में जुड़ाव बना रहता है।

दुःख-सुख में शामिल हों

गृहिणी का सबसे उत्तम आचरण यही है कि वह दुःख-सुख में शामिल हो। कहते हैं कि आड़े वक़्त पर ही अच्छे बुरे, अपने-पराए की पहचान होती है। गृहिणी होने के नाते आप ऐसे किसी भी अवसर को हाथ से न जाने दें और ऐसे सभी अवसरों पर अपनों का दिल जीतकर आप अपनी अलग छवि बनाएं।

अवसर चाहे खुशी का हो अथवा ग़मी का, समय पर पहुंचकर आप अपनी उपस्थिति दर्ज कराएं। ऐसे अवसरों पर अपनी हार्दिक प्रसन्नता अथवा दुःख प्रकट करें। ध्यान रखें कि ऐसे अवसरों पर जब आप किसी के दुःख-सुख में सहभागी बनती हैं, तो आप उनके परिवार से जुड़ती हैं।

यदि आप किसी ऐसे अवसर पर प्रत्यक्ष में नहीं पहुंच पातीं, तो पत्र लिखकर अपनी खुशी अथवा ग़म का इज़हार करें। उनके दुःख-सुख में बराबर की हिस्सेदार बनें।

सामाजिक और पारिवारिक जीवन में इस बात का विशेष ख्याल रखें–

- असमय किसी के घर न जाएं।
- पड़ोसी का टेलीफ़ोन अपना न समझें। अत्यधिक जरूरत में ही प्रयोग करें।
- बस अथवा ट्रेन में दूसरों को होने वाली असुविधाओं का भी ख़्याल रखें, हो सके तो अपनी सीमा में उनकी मदद करें।
- दूसरों के पत्र पढ़ने अथवा दूसरों की बातें सुनने या पड़ोसियों के घरों में क्या हो रहा है, जानने की कोशिश न करें।
- सड़क अथवा सार्वजनिक स्थानों पर कूड़ा न फेंकें और न ही केले आदि के छिलके आदि ऐसी जगह पर फेंकें।
- जब भी किसी के घर मेहमान बन कर जाएं, अपने निजी उपयोग की वस्तुएं जैसे तौलिया, पेस्ट, सौंदर्य-प्रसाधन, कंधा आदि अपने साथ ले जाएं और इन्हीं का उपयोग करें।
- घर के किसी भी सदस्य के पर्स, बैग, जेब अथवा अटैची की 'तलाशी' न लें और न ही मन में ऐसी भावनाएं पैदा होने दें।

सामान्य शिष्टाचार की ये छोटी-छोटी बातें आपके व्यक्तित्व का निर्माण करती हैं, आपके आचरण और व्यवहार को प्रभावित करती हैं। अपने स्तर पर आपको सफल गृहिणी के पद पर पहुंचाती हैं।

इन व्यवहारों को अपनाएं

- हमेशा प्रसन्न रहें।
- हमेशा दूसरों का हलकी मुस्कान के साथ स्वागत करें।
- आत्मीयता प्रदर्शित करने वाला संबोधन दें।
- मधुर बोलें, कम बोलें।

- दूसरों की भावनाओं का सम्मान करें। दूसरों का मजाक न उड़ाएं।
- परिवार के सभी सदस्यों के साथ समानता का व्यवहार करें। विशेषकर वृद्धों को पूज्य मानें।
- चोर मानसिकता से बचें, चाहे काम करना हो अथवा अन्य कोई व्यवहार।
- मांगना असभ्यता का सूचक है। वह चाहे पैसा हो अथवा कोई वस्तु।
- अपने रंग-रूप, सुंदरता अथवा संपन्नता पर न इतराएं।
- दूसरों से बड़ी-बड़ी अपेक्षाएं न पालें। विशेषकर परिवार के सदस्यों से।
- क्रोध से बचें।
- साधनों की पवित्रता का ध्यान रखें। 'शार्ट कट' की बातें मन में न आने दें।

इन व्यवहारों से बचें

- चाहे जब पड़ोस में मिलने-बैठने जाने से।
- प्रतिशोधी अथवा ईर्ष्याजन्य विचारों से।
- मांगकर इच्छाएं पूरी करने से।
- पड़ोस में ताक-झांक करने से, आए-गए का हिसाब रखने से।
- मेहमानों को मुसीबत समझने से।
- अपने लिए वस्तुएं, पैसा बचाकर कनस्तर या दाल के बर्तनों मे रखने से।
- हमेशा जली-कटी सुनने-सुनाने से। कोप भवन में बैठने से।
- बात-बात में 'हमारे वहां तो...' से।
- दूसरों के घरों में लगे कलेंडर, शो-पीस आदि पर कुदृष्टि डालने से अथवा मांगने से।
- फैशन अथवा 'मॉड' बनने के नाम पर पारदर्शी कपड़े पहनने, धूम्रपान करने अथवा नशा करने की इच्छा से।
- घर आए पुरुष मित्रों में अति उत्साह दिखाने अथवा अति रुचि लेने, उनके साथ द्विअर्थी बातचीत करने से।
- अपनी हीनताओं का रोना रोने से।
- हर बात में 'आधी रोटी पर दाल लेने' से। बात चाहे आप से संबंधित हो अथवा न हो, बीच-बीच में न बोलें।

कुशल गृहिणी के रूप में मर्यादा ही आपका रक्षा-कवच है, इसलिए अपने आचरण और व्यवहार में हमेशा मर्यादा का पालन करें।

अध्याय 5

गृहिणी और गृह-सज्जा

घर चाहे छोटा हो या बड़ा, कोठी हो या बंगला, साफ़ सुथरा सजा-सजाया घर गृहिणी की पहचान बनाता है। प्रत्येक गृहिणी अपने घर को अपनी रुचि, सूझ-बूझ और अवसर के अनुकूल अपने सीमित साधनों से एक ऐसा स्वरूप प्रदान करती है, जो परिवार के हर सदस्य को अपनी ओर आकर्षित करता है। घर के प्रति यह आकर्षण ही गृह-सज्जा है।

बंदनवार, रंग-बिरंगी झंडियां, केले के पत्ते, आम के पत्ते आदि से घरों को सजाने की प्राचीन परम्परा है। समय के साथ गृह-सज्जा के इन साधनों में भी परिवर्तन आया और अब रंग-बिरंगी रोशनी, विद्युत बल्बों ने इसका स्थान ले लिया। इस विषय में एक कहावत प्रचलित है कि पैसा कमाना तो आसान होता है, लेकिन उसे खर्च करना कठिन होता है। गृह को सजाना-संवारना भी एक ऐसा ही आचरण है। घर को सजाना-संवारना तो सभी चाहते हैं, लेकिन इसे वही अच्छी तरह से सजा-संवार पाते हैं, जिनमें निम्न गुण और व्यावहारिक सोच हो–

1. बुद्धि : गृह-सज्जा में गृहिणी को अपनी बुद्धि, विवेक से यह सोचना चाहिए कि कौन-सी वस्तु कहां अधिक आकर्षक लगेगी। जिस गृहिणी में बुद्धि का अभाव होगा, तो वह अच्छी-से-अच्छी वस्तु का उपयोग भी उचित तरीके से न कर सकेगी। विभिन्न अवसरों पर, विभिन्न परिस्थितियों में समन्वय और सामंजस्य स्थापित करके ही गृह-सज्जा को नया रूप दिया जा सकता है। परिवार की अपेक्षाओं का अनुमान भी गृहिणी अपनी बुद्धि और विवेक से लगाती है और इस प्रकार से बुद्धि का उपयोग ही उसे गृह-सज्जा में सफल बनाता है।

2. उत्साह : गृहिणी में गृह-सज्जा के प्रति हमेशा उत्साह होना चाहिए। इस प्रकार का उत्साए ही उसे नई-नई सोच प्रदान करेगा। उत्साह से किए गए कार्य में अधिक सुखानुभूति और संतुष्टि होती है। गृहिणी के इस उत्साह को देखकर परिवार के अन्य सदस्य भी उत्साहित होते हैं और वे भी गृहिणी को इस साज-सज्जा के लिए उत्साहित करते हैं। उसमें अपना सहयोग देते हैं। गृह-सज्जा के प्रति मां का यह उत्साह ही बच्चों में संस्कार रूप में पल्लवित होता है और लड़कियां विवाह के बाद भी उसी प्रकार की सोच लेकर ससुराल जाती हैं और अपनी गृह-सज्जा की उत्साही प्रवृत्ति से नए परिवार को सजा-संवार कर अपना स्थान आप बनाती हैं। उत्साह ही सही मायनों में परिवार को अच्छी तरह व्यवस्थित करता है।

3. समन्वय करने की क्षमता : गृह-सज्जा के कई पक्ष होते हैं : चित्र, पेंटिंग, पोस्टर, पेड़-पौधे लगाना आदि। इन सभी साधनों के लिए परिवार के विभिन्न प्रकृति के लोग अलग-अलग प्रकार से सोचते हैं। गृहिणी समन्वय कर गृह-सज्जा के प्रति सबको एक करती है, ताकि उसकी बनाई हुई रूपरेखा को सबका समर्थन प्राप्त हो सके। इस प्रकार से वह अपनी मौलिक रचनात्मक प्रवृत्ति को सबके सामने रखती है और सबका सहयोग पाकर ही उसका क्रियान्वयन करती है।

4. निर्णय लेने की क्षमता : परिवार में ऐसे बहुत से विषय होते हैं, जिन पर कोई एक व्यक्ति निर्णय नहीं ले

पाता, यहां तक कि गृहिणी भी इस प्रकार के निर्णय लेने से इसलिए घबराती है कि उसमें आत्मविश्वास का अभाव होता है। परिवार की सुख-समृद्धि और दूरदर्शिता के लिए यह आवश्यक है कि परिवार के सभी सदस्य गृहिणी को निर्णय लेने में सहयोग दें, उनका मनोबल बढ़ाएं। कभी-कभी लिया हुआ गलत निर्णय ही परिवार के भविष्य को दांव पर लगा देता है, इसलिए इस विषय में परस्पर विचार-विमर्श होना चाहिए।

5. सहनशीलता : गृहिणी में सहनशीलता होनी चाहिए, कभी-कभी उसकी गृह-सज्जा की इच्छा को उचित समर्थन अथवा साधन नहीं मिल पाते, अथवा उसे इसके लिए आलोचना का केंद्र बनना पड़ता है, इसलिए आवश्यक है कि उसमें सहनशीलता हो, ताकि वह अपना पक्ष प्रस्तुत कर दूसरों को संतुष्ट कर सके।

6. आत्मविश्वास : गृह-सज्जा के मामले में गृहिणी में आत्मविश्वास होना चाहिए कि उसकी सोच और निर्णय परिवार हित में है और वह ठीक है। परिवार के प्रत्येक सदस्य को गृहिणी की भावनाओं का सम्मान कर उसे गृह-सज्जा के लिए भरपूर सहयोग देना चाहिए। परिवार के प्रबंध संबंधी अंतर्विरोधों को परस्पर विचार-विमर्श से ही सुलझाना चाहिए, नहीं तो ये अंतरविरोधी विचार ही पारिवारिक विघटन के कारण बनते हैं। गृह-सज्जा और गृह-प्रबंध में भले ही 'वीटो' अधिकार गृहिणी के पास होते हैं, लेकिन परिवार के अन्य सदस्यों की भावनाओं, संवेगों का सम्मान भी होना चाहिए,

ताकि परिवार का प्रत्येक सदस्य परिवार के प्रति समर्पित हो सके।

गृह-सज्जा और गृह-प्रबंध में गृहिणी द्वारा ली गई रुचि, उसे यथा-शक्ति कुशल गृहिणी बनाएगी और वह अपनी योग्यता और प्रवीणता से गृह-सज्जा को एक नया रूप प्रदान करेगी।

इसलिए गृहिणियों को सबसे पहले अपनी आर्थिक सीमाओं का आकलन करना चाहिए और अपनी सारी व्यवस्था का आधार इसी आय के साधन को बनाना चाहिए।

अंग्रेजी में एक कहावत है–कट योर कोट एकार्डिंग योर क्लोथ। जिसका सीधा सरल अर्थ है–हमें उतने ही पैर पसारने चाहिए, जितनी लंबी हमारी चादर हो। जिस गृहिणी की आमदनी अठन्नी और खर्चा रुपया होता है, वह गृहिणी हमेशा समस्याओं और अभावों से घिरी रहती है। ऐसे परिवारों में बात-बात में नोक-झोंक होती रहती है। परस्पर में खींचतान बनी रहती है। हर बात पर एक-दूसरे पर दोषारोपण किया जाता है। बात-बात में आर्थिक अभावों का रोना रोया जाता है। परिवार का हर सदस्य मानसिक रूप से खिंचा-खिंचा सा तनावग्रस्त रहता है। इसलिए सबसे पहले गृहिणी को अपनी आर्थिक स्थिति का मूल्यांकन करना चाहिए।

7. आय और गृहिणी : परिवार की आय कितनी होनी चाहिए अथवा कितने रुपयों से परिवार का खर्च चल सकता है, ये सब बातें कोई अर्थ नहीं रखतीं, क्योंकि प्रत्येक परिवार की आर्थिक सीमाएं होती हैं। कमाने के साधन सीमित होते हैं। आप चाहे व्यापारी हों अथवा कर्मचारी, अधिकारी हों या राजनायिक, किसान हों अथवा मजदूर आय के साधन तो निश्चित होते हैं। इसलिए गृहिणी को चाहिए कि वह अपने इन आर्थिक साधनों का मूल्यांकन अपने स्तर पर आप करे। आर्थिक क्षमता ही घर-परिवार की उन्नति का सबसे बड़ा कारण होती है।

गृहिणी को यह बात गांठ बांध लेनी चाहिए कि अधिक पैसे से अधिक सुख नहीं प्राप्त किया जा सकता। वास्तव में सुख तो एक अनुभूति है। पैसा सुख प्राप्ति का साधन है। इसीलिए कहा जाता है कि पैसा एक अच्छा नौकर है, लेकिन एक बुरा स्वामी भी है। आशय यह है कि जीवन की न्यूनतम आवश्यकताओं की पूर्ति के लिए पैसे की आवश्यकता होती है। ये आवश्यकताएं कितनी होती हैं अथवा कितनी होनी चाहिए, इस पर भी विचार करना आवश्यक है।

8. आय कितनी हो : आय की सीमा पर भी कोई निर्णय नहीं लिया जा सकता। हां, हमारी संस्कृति का एक आदर्श है–

साांईं इतना दीजिए, जा में कुटुम समाय।
मैं भी भूखा न रहूं, साधु न भूखा जाय॥

सफल गृहिणी के लिए इतना ही समझ लेना चाहिए कि घर में आई आय का संतुलित व्यय ही उसकी कुशलता है। इसलिए उसे अपने व्ययों को पारिवारिक बजट बनाकर पूरा करना चाहिए।

पारिवारिक व्ययों को निम्नलिखित घटक प्रभावित करते हैं–

1. परिवार का स्वरूप : यदि परिवार संयुक्त है, तो उस पर खर्च भी अधिक होगा, क्योंकि इस प्रकार के परिवार में सारी-की-सारी जिम्मेदारियां एक ही स्थान से पूरी होती हैं। यदि कोई व्यक्ति नहीं भी कमाता है, तो उसका पालन-पोषण हो जाता है। इसके अतिरिक्त संयुक्त परिवार में अनेक खर्चों की बचत हो जाती है जैसे मकान किराया, बिजली, पानी, फोन के बिल, नौकर, बर्तन साफ़ करने वाली आदि। यदि परिवार के सभी सदस्य कमाने वाले हैं, तो हर माह अधिक पैसा आने से परिवार का जीवन स्तर अच्छा हो जाता है। फिर भी यह देखा जाता है कि संयुक्त परिवार के खर्च पारिवारिक बजट को प्रभावित करते हैं।

2. परिवार का आकार : यदि परिवार छोटा होता है, तो व्यय कम होते हैं। अधिक सदस्यों वाले परिवार में खर्चे अधिक होते हैं। बड़े परिवार में हर सदस्य को उतना पौष्टिक भोजन और जीवन की अन्य सुख-सुविधाएं भी नहीं मिल पातीं। इसलिए 'हम दो हमारे दो' का नारा देकर छोटे परिवार को ही आदर्श परिवार माना जाता है।

3. बच्चों की संख्या : पारिवारिक बजट को सब से अधिक प्रभावित करने वाला तत्त्व बच्चों की संख्या है। बच्चों को दूध, पढ़ाई-लिखाई, जेब-खर्च, दवा आदि के लिए पैसों की अधिक आवश्यकता होती है। यदि परिवार में छोटे बच्चे

अधिक हों, तो खर्चा स्वाभाविक रूप से बढ़ जाता है। बच्चों के मनोरंजन, खेल, शिक्षा, ट्यूशन आदि पर भी खर्च अधिक ही होता है।

4. परिवार का सदस्य : यदि परिवार ग्रामीण है, तो खर्च कम होगा। शहरी परिवारों पर खर्च अधिक होता है। इसके अतिरिक्त समाज में जिस परिवार की प्रतिष्ठा पूर्व से ही चली आ रही है, उसका व्यय भी अधिक होता है। सरपंच, राजा साहब, नवाब साहब, अधिकारी, मंत्री, विधायक आदि परिवारों में खर्चा अधिक ही होता है।

5. रहने का स्थान एवं पारिवारिक संबंध : यदि कोई परिवार शहर में रहता है अथवा गांव से आकर शहर में बस जाता है, तो उसका व्यय अधिक होता है। आने-जाने वालों की संख्या अधिक होने से भी व्यय बढ़ जाता है। यदि परिवार के कर्त्ता की दुकान अथवा दफ्तर घर से अधिक दूर है, तो यातायात में व्यय अधिक होने से भी उसका खर्च बढ़ जाता है। वैसे भी बड़े शहरों में मकान किराया, महंगाई आदि अधिक ही होती है। सब्जी, दूध, फल आदि पर भी उनका व्यय अधिक ही होता है। कार्यक्षेत्र के निकट रहने से घर के सदस्यों को अनेक फ़ायदे होते हैं।

6. गृहिणी की कुशलता : परिवार के बहुत सारे व्यय गृहिणी की कुशलता से कम अथवा अधिक हो जाते हैं। बहुत-सी गृहिणियां घर पर ही मसाले, अचार, पापड़ आदि बना लेती हैं। बाजार से मंगाए गए सामान और इनमें काफ़ी अंतर होता है। इससे गृहिणी अपने व्यय में बचत कर लेती है। गृहिणी घर में आने वाली आय का सीमांत उपयोगिता प्रतिस्थापन नियम का उपयोग कर अपनी आय का अधिकतम संतुष्टि नियम लागू कर लाभ उठा लेती हैं। इसके विपरीत, अकुशल गृहिणियां फ़िजूल ख़र्चा कर अपने व्ययों को बढ़ा लेती हैं। परिवार कर्ज़ में डूबने लगते हैं।

7. आदतें : कुछ आदतें भी परिवार के खर्चे को बढ़ा देती हैं। धूम्रपान, नशे की आदत, लंबी बीमारी, मुकदमेबाजी, लाटरी का चस्का आदि ऐसे व्यय हैं, जो परिवार पर अनावश्यक रूप से भार डालते हैं। चूंकि ये सभी व्यय अनुत्पादक होते हैं, इसलिए इन व्ययों से पारिवारिक बजट प्रभावित होता है और परिवार को आर्थिक तंगी का सामना करना पड़ता है।

पारिवारिक बजट कैसा हो

एक कुशल गृहिणी को अपना बजट बनाकर अपने सारे खर्च इसी के आधार पर करने चाहिए। यदि बजट पर आप लंबी चौड़ी बहस नहीं भी करते, तो भी इसकी जानकारी परिवार के सभी सदस्यों को होनी चाहिए और उन्हें विश्वास में लेकर अपना बजट बनाना चाहिए।

चूंकि हमारे परिवारों में इस प्रकार की मानसिक सोच का विकास नहीं हुआ है, इसलिए गृहिणी को चाहिए कि वह अपने इस बजट और बजट प्रस्तावों को अपने मस्तिष्क में रखे और उस पर उसी प्रकार से खर्च करे। यदि इस प्रकार खर्च करना संभव न भी हो, तो भी इसका सहारा अवश्य लें। इससे आपकी सोच विकसित होगी और आप परिवार के लिए अधिकतम संतुष्टि का सिद्धांत पूरा कर लेंगी।

एक मध्यवर्गीय गृहिणी को अपनी आय निम्न मदों पर, निम्न प्रकार से व्यय करनी चाहिए। यदि परिवार की मासिक आय 10 या 5 हजार का अनुमान हो, तो उसका विवरण इस प्रकार से होगा :

	व्यय की मद	वास्तविक खर्च	
		10,000.00	5,000.00
1.	भोजन आदि	2500.00	1550.00
2.	वस्त्र	800.00	250.00
3.	आवास, बिजली, पानी आदि	2200.00	1200.00
4.	शिक्षा, स्वास्थ्य एवं मनोरंजन	1000.00	500.00
5.	दूध, फल, सब्जी	1000.00	600.00
6.	पर्यटन एवं मेहमान	500.00	200.00
7.	आकस्मिक खर्च	500.00	250.00
8.	बीमा प्रीमियम	350.00	(–)
9.	पति-पत्नी जेब खर्च	800.00	300.00
10.	बचत	450.00	100.00
		10,000.00	5,000.00

गृहिणी को चाहिए कि वह अपने पारिवारिक बजट को संतुलित बनाने के लिए परिवार को अनुत्पादक खर्चों से बचाए। जैसे नशे की आदत, मुकदमेबाज़ी आदि।

बचत की उपयोगिता और उसके तरीक़े

अग्र सोचि सदा सुखी–पिछली बुद्धि गंवार की...। आशय यह है कि जो व्यक्ति भविष्य के बारे में सोच कर चलता है, वह सदा सुखी रहता है। जबकि बाद में सोचने वाला गंवार (मूर्ख होता) है और उसके हिस्से सिवाय पश्चात्ताप के और कुछ नहीं आता।

भविष्य की इन्हीं आशंकाओं को ध्यान में रखकर पारिवारिक बजटों में बचत के प्रावधान रखे जाते हैं। भविष्य की सुरक्षा के लिए हमें अधिक-से-अधिक बचत करनी चाहिए। कुल आय का पांच से दस प्रतिशत तक बचत के लिए रखना अच्छी सोच है। छोटी-छोटी बचत राशि ही भविष्य में एक बड़ी राशि हो जाती है। बचत की इस राशि का उपयोग गृहिणियां निम्न व्ययों में कर सकती हैं–

- घर की बड़ी वस्तु खरीदने में, जैसे टी.वी., फ्रिज, वाशिंग मशीन, स्कूटर, कार आदि।
- विवाह, मकान, 'पर्च्च', 'भात' आदि में।
- सुरक्षा के उपायों में, जैसे बीमा कराने अथवा बीमे की किश्तें आदि में।
- कठिन दिनों के लिए जैसे वृद्धावस्था में अथवा जब आय के साधन कम हो जाएं, तो बचत से परिवार का खर्च चल सकता है।
- दान अथवा सामाजिक जीवन के अन्य खर्चों की पूर्ति के लिए इसका उपयोग।
- आकस्मिक खर्चों की पूर्ति के लिए, जैसे दुःख, तकलीफ, बीमारी आदि पर होने वाला भारी व्यय इन्हीं बचतों में से संभव होता है।
- पर्यटन आदि पर जाने, तीर्थ यात्रा करने में इस प्रकार की बचत ही काम आती है।
- पूंजी के लिए, उच्च शिक्षा के लिए या फिर क़र्ज़ चुकाने के लिए भी बचत ही काम आती है।

आशय यह है कि कुशल गृहिणी की कुशलता इसमें दिखाई देती है कि वह अपनी आय का कितना सदुपयोग करती है और कितनी बचत करती है। बचत करने के लिए गृहिणी को चाहिए कि वह–

- अपने खर्चों में कमी करे।
- विलासितापूर्ण वस्तुओं का उपयोग न करे।
- पारिवारिक बजट की धारणा मन में बनाए।
- घर के काम स्वयं करे और घर में उपयोग होने वाली वस्तुओं का निर्माण और उत्पादन स्वयं करे। किसान गृहिणियां ऐसा ही करती हैं।
- खाली समय का उपयोग उत्पादक वस्तुएं बनाकर करे।
- अपनी आय में वृद्धि करे, जैसे सिलाई-कढ़ाई, ट्यूशन, लेखन, पालन-घर आदि चलाकर।

गृहिणी द्वारा की गई बचत को बैंक में अथवा पोस्ट आफ़िस में खाता खोलकर जमा करना चाहिए। इससे जहां बचत सुरक्षित रहती है, वहीं उस पर ब्याज भी मिलता है, जिससे जमा की गई राशि बढ़ती रहती है। छोटी-छोटी बचतों को बचत खाते में और बड़ी राशि हो जाने पर इसी बचत को राष्ट्रीय बचत पत्रों में अथवा किसान विकास पत्रों में लगानी चाहिए। इनमें ब्याज की राशि भी अधिक मिलती है और मूलधन लगभग साढ़े पांच वर्ष में दूना हो जाता है। इनमें बचत हर प्रकार से सुरक्षित रहती है।

आशय यह है कि घर की साज-सज्जा का सीधा संबंध पैसे से है और पैसे का उपयोग ही घर की सज्जा को प्रभावित करता है, इसलिए गृहिणी को चाहिए कि वह खर्च और आय में संतुलन बनाकर चले ताकि आप अथवा आपका परिवार क़र्ज़ से बचा रहे।

बचत संबंधी आधुनिक सोच

अधिकांश परिवारों का बजट इसलिए असंतुलित रहता है, क्योंकि वे अपनी आय-व्यय के प्रति गंभीर नहीं होते। सुघड़ गृहिणी की बचत संबंधी नई सोच इस प्रकार होनी चाहिए–

- आर्थिक संपन्नता प्रदर्शित करने और आडम्बरों पर भारी-भरकम खर्च दूसरों की देखा-देखी नहीं करनी चाहिए और न ही इस प्रकार की कोई खरीदारी करें।
- उपलब्ध साधनों का सदुपयोग कर अपनी सुघड़ता प्रदर्शित करें।
- आय के साधन चाहे निश्चित हों अथवा अनिश्चित, अपने खर्च को संतुलित रखें। महीने के आखिर में अपने

आय-व्यय का मूल्यांकन अवश्य करें। यदि किसी मद पर व्यय अधिक हो गया है अथवा देनदारियां शेष हैं, तो अगले महीने 'सावधानी' बरतें और इस घाटे को पूरा करें।

- महंगी, बेमौसम की सब्जी, महंगे सौंदर्य प्रसाधन इत्यादि वस्तुएं खरीद कर अपने बजट घाटे को और न बढ़ाएं। छोले, राजमा, लोबिया, बड़ियां आदि घर में रखी सूखी सब्जियों का इस्तेमाल पारिवारिक बजट को संतुलित करने के लिए अवश्य करें।
- मेहमानों पर अपना प्रभाव अथवा संपन्नता प्रदर्शित करने के लिए क़र्ज़ लेकर उन्हें घी न परसें।
- अपनी आय का कम-से-कम 10 प्रतिशत भविष्य के लिए अवश्य रखें, ताकि परिवार पर होने वाले आकस्मिक खर्चों की पूर्ति इस राशि से हो सकें।
- आमदनी अठन्नी, खर्चा रुपया जैसी भूल कभी न करें।
- त्योहारों पर होने वाले खर्चों का पूर्वानुमान लगा लें। इन खर्चों को उसी दिन के लिए न करें। त्योहार के दिनों में कुछ वस्तुओं की कीमतें अपेक्षाकृत अन्य दिनों से अधिक हो जाती हैं। इसलिए उन्हें पहले से ही घर में ले आए।
- अपने व्ययों को परिवार की प्राथमिकताओं के अनुसार खर्च करें। मुकदमेबाजी, बीमारी, दुर्व्यसनों जैसे व्ययों पर नियंत्रण रखें। इसी प्रकार से टाले जाने वाले खर्चों को भी टालें। ऐसे खर्चों पर नज़र रखें।
- अपनी आय-व्यय में इतना संतुलन अवश्य बनाकर रखें कि परिवार का कोई भी सदस्य आर्थिक अभावों के कारण मानसिक रूप से कुंठित न हो और न ही उसका भविष्य प्रभावित हो। इस संबंध में किसी प्रकार का भेदभाव भी न बरतें।
- बच्चों को दिए जाने वाले जेब खर्च पर कभी हमला न करें। यदि परिवार हित में ऐसा करना बहुत आवश्यक हो, तो बच्चों को विश्वास में लेकर उसकी सहमति से उस पैसे का उपयोग करें। बच्चों की इस उदारता की प्रशंसा करें।

इस प्रकार की सोच जहां बच्चों को भी बचत के लिए प्रोत्साहित करेगी, वहीं आपके बजट को भी संतुलित बनाएगी। सामाजिक और पारिवारिक जीवन में आपको कभी किसी के सामने हाथ नहीं फैलाने पड़ेंगे। बच्चों की बचत के लिए उन्हें डाकघर अथवा बैंक में खाता खोल दें, ताकि वे अपनी छोटी-छोटी रकम उसमें जमा कर सकें।

गृहिणी भी अपनी बचत को डाकघर अथवा बैंक के किसी बचत खाते अथवा सावधि खाते में जमा रखें। ध्यान रखें कि बचत की हुई रकम को घर में न रखें। इस प्रकार की हुई बचत की राशि गृहिणी का आत्मविश्वास बढ़ाती है और उसका भविष्य सुनिश्चित और सुरक्षित रहता है। उधार लेकर अपने खर्चों की पूर्ति कभी न करें। सेल के बैनर देखकर आंखों में चमक न लाएं, यह मृगतृष्णा ही सिद्ध होते हैं।

अध्याय 6

घर—इक बंगला बने न्यारा

हर गृहिणी का सपना होता है—इक बंगला बने न्यारा...। बंगलों की इन कल्पनाओं में कोई घर को नहीं भूलता...। आखिर क्या होता है घर में, जो बड़े-बड़े होटलों, आलीशान भवनों और मकानों में नहीं होता। कहीं इसका कारण भी तो गृहिणी ही नहीं; जिससे घर बनता है, जो घर बनाती है...।

घर, मकान, कोठी सबके सब रहने के लिए होते हैं। बड़े फ़ार्म हाउस में भी लोग रहते हैं, लेकिन घर में जो सुकून और सुखानुभूति है, वह इन सबमें नहीं। उसका कारण भी यही है कि गृहिणी अपने इस घर को बिलकुल नए अंदाज़ से रखती है। उसका घर, परिवार के प्रत्येक सदस्य की आश्रय स्थली होता है। परिवार चाहे ग़रीब हो अथवा अमीर, साधन संपन्न हो अथवा साधन विहीन, पढ़ा-लिखा हो अथवा अनपढ़, उसे अपने घर में जो आनन्द और सुकून मिलता है, वह उसे आलीशान होटलों, विशाल गेस्ट हाउसों में नहीं मिलता। इसका कारण यह है कि घर में प्रत्येक सदस्य के लिए उसकी सुख-सुविधाओं का ध्यान रखकर व्यवस्था की जाती है। एक कुशल गृहिणी अपने मकान को घर बनाकर रखती है, जिसमें इन सभी बातों का ख्याल रखा जाता है।

बरामदा हो, जिसमें हर मौसम में धूप, हवा, सूर्य की रोशनी आदि आती हो। बरामदों का आकार घर की आवश्यकता के अनुसार रखा जाता है। शहरी घरों में बरामदे के स्थान पर बालकनी आदि के प्रावधान किए जाते हैं। आशय यह है कि बरामदे में परिवार के सभी सदस्यों को हर समय पूरा-पूरा आराम मिलता है। बरामदा आवश्यकता और साधन के अनुसार ऊपर से खुला अथवा बंद भी रखा जाता है। इस स्थान पर बाहर से आने वाले दोस्तों, परिचितों अथवा काम वालों को बिठाया जाता है। अधिकांश वकीलों, डॉक्टरों, विधायकों, अधिकारियों के घरों में बरामदों का उपयोग बातचीत करने के लिए किया जाता है। प्रायः गृहिणियां बरामदे में नहीं बैठती हैं।

बैठक

घर का सबसे महत्त्वपूर्ण कक्ष अथवा स्थान बैठक होती है। जैसा कि इसके नाम से प्रतिध्वनित होता है, बैठक का उपयोग घर अथवा बाहर वालों के बैठने के लिए होता है। पास-पड़ोस से मिलने आने वाली महिलाओं, खास मेहमानों, विशिष्ट लोगों तथा व्यापारिक अथवा कामकाज की बातचीत के लिए लोगों को यहां बिठाया जाता है। गृहिणी इस कक्ष को अपनी सूझबूझ से कलात्मक रूप से सजा-संवार कर रखती है। इसमें टी.वी., फोन, बीच की टेबिल (जिस पर फूलदान रखा जाता है), एकाध पोस्टर अथवा कलात्मक पेंटिंग रखी जाती है। इसकी कलात्मक सजावट से ही परिवार के रहन-सहन का अंदाज़ लगाया जाता है। कुछ बैठकों में 'डोर टू डोर' कारपेट अथवा गलीचा भी बिछाया जाता है। इस कमरे में ही बैठने के लिए सोफ़ा, दीवान, पंखा, कूलर आदि रखे होते हैं। कुलीन घरों में अब इन बैठकों में 'ए.सी.' का उपयोग होने लगा है। स्थान अभाव होने पर गृहस्वामी इसी बैठक का उपयोग अपने व्यावसायिक उद्देश्यों, जैसे मरीज़ देखना, आए ग्राहकों से बातचीत करना आदि के

रूप में भी करते हैं। यदि घर बड़ा होता है, तो गृहस्वामी अपने व्यापारिक उद्देश्यों के लिए अलग कमरे का प्रबंध करते हैं, जिसमें उनके व्यवसाय से संबंधित किताबें, टाइप मशीन, कंप्यूटर आदि रखे जाते हैं।

रसोई घर

रसोई घर गृहिणी का कर्म क्षेत्र होता है। कहते हैं कि गृहिणी का आधा जीवन रसोई घर में व्यतीत होता है। आजकल रसोई घर बड़ा बनाने का फैशन-सा हो गया है। आधुनिक रसोई घरों में पूरे मकान के निर्माण का लगभग पचीस प्रतिशत तक व्यय होता है। रसोई घर का उपयोग हमेशा से रहा है, लेकिन अब जब से लोगों के सोच में अंतर आया है, खाने-खिलाने का फैशन बढ़ा है, तब से रसोई घर, घर का सबसे महत्त्वपूर्ण स्थान हो गया है। घर चाहे बड़ा हो अथवा छोटा, रसोई घर अवश्य होता है। इसे घर के आखिरी छोर पर बनवाना चाहिए, ताकि इसमें बाहरी लोगों की तांक-झांक न हो सके। रसोई से पानी और धुएं की निकासी का पर्याप्त प्रबंध होना चाहिए। इस कक्ष का प्रबंध कुछ इस प्रकार से होना चाहिए कि गृहिणी खड़ी-खड़ी अथवा बैठकर अपना सारा काम कर सके और उसे बार-बार कोई भी वस्तु लेने, रखने के लिए भाग-दौड़ न करनी पड़े। खाना पकाने का सामान, मसाले, छोटे-बड़े उपकरण जैसे मिक्सर-ग्राइंडर, चाकू, चलनी, खाना पकाने के बर्तन, रोटी बेलने का चकला-बेलन आदि गृहिणी की नज़र सीमा में रखे हों। रसोई में नल, प्रकाश आदि का उचित प्रबंध होना चाहिए।

रसोई घर से लगा हुआ ही भोजन कक्ष होना चाहिए। इसमें डाइनिंग टेबल रखा होना चाहिए। भोजन चाहे जमीन पर बैठकर करते हों, अथवा कुर्सी-टेबल पर भोजन गर्म व ताजा ही करना चाहिए। गृहिणी की सुविधा के लिए भोजन कक्ष को सुरुचि अनुसार सजाना, संवारना चाहिए। भोजन कक्ष में अथवा भोजन के पास ही डाइनिंग टेबल होना चाहिए, जो सुरुचिपूर्ण ढंग से सजा होना चाहिए। सजे हुए डाइनिंग टेबल पर बैठकर खाने-खिलाने का मजा दोगुना हो जाता है।

शयनकक्ष या बेडरूम

शयनकक्ष परिवार का वह कक्ष है, जहां उसके सपने साकार होते हैं। यह कक्ष नितान्त व्यक्तिगत उपयोग के लिए होता है। इसलिए इसे हमेशा बंद ही रहना चाहिए। इसका उपयोग दोपहर और रात में सोने के लिए करना चाहिए। घर में यदि सदस्यों की संख्या ज्यादा न हो, तो सबके लिए अलग-अलग शयनकक्ष की व्यवस्था करनी चाहिए। इस कक्ष में सूर्य की रोशनी सबसे पहले पहुंचनी चाहिए। यह न केवल स्वास्थ्य के लिए जरूरी होती है, बल्कि सोने वालों को सूर्योदय से पूर्व जगाने में भी सहायक होती है। इसमें सुविधा अनुसार पलंग, डबल बेड आदि होने चाहिए। यदि परिवार के सदस्य अधिक हैं, तो शयनकक्ष का उपयोग एक से अधिक सदस्यों के लिए भी किया जा सकता है। ध्यान रहे, पढ़ने-लिखने वाले किशोर बच्चों का शयनकक्ष अलग ही होना चाहिए। चूंकि गृहिणी का एक तिहाई समय इसी बेड रूम में व्यतीत होता है, इसलिए बेडरूम की साज-सज्जा पर ध्यान अवश्य रखना चाहिए। इसमें न केवल आराम का ध्यान रखें, बल्कि मानसिक संतुष्टि के चित्र, दीवारों के रंग, परदे, चद्दरें आदि भी उपयोग में लाएं। अगर आपके शयनकक्ष में रोशनी कम आती है अथवा नहीं आती है, तो इस कक्ष में हलकी रोशनी का प्रबन्ध करें। अधिक रोशनी वाले बेडरूम के दरवाजे व खिड़कियां आदि बंद रखें, या फिर मोटे परदे लगा कर रखें। आवश्यकता से कम हलके रंग उदासीनता के परिचायक हैं, अतः इनसे बचें। दांपत्य जीवन की खुशहाली और सरसता के लिए बेडरूम की दीवारें हलकी गुलाबी रंगों की हों, उसी रंग के परदे, बिस्तर की चादरें आदि भी हों।

यदि बेडरूम की दीवारें आकर्षक नहीं हैं, तो इनकी दीवारों को 'वाल पेपर' से सजाएं। यदि आप साधन संपन्न हैं और बेडरूम नया बनवा रही हैं, तो बड़ी-बड़ी टाइल्स का प्रयोग करें। इससे आपका बेडरूम बड़ा-बड़ा दिखने लगेगा। बेडरूम जितना आकर्षक होगा, उतना ही मन को शांति देने वाला होगा। इसलिए फर्श पर 'कारपेट' बिछाएं। आजकल तेज व चटक रंगों के डोर-टू-डोर कारपेट मिलते हैं। ऐसे कारपेट यदि साफ रखे जाएं, तो बड़ी सरलता से 5-7 वर्ष चल जाते हैं।

परदों का चुनाव भी कमरे के साइज के हिसाब से स्वयं करें। परदे टांगने के लिए पेलमेट्स, ड्रेपर राड्स आदि का प्रयोग करें। आशय यह है कि शयनकक्ष की इस सज्जा के प्रति जरा-सी भी उदासीनता न बरतें। बेडरूम में हलकी लाइट वाला नाइट बल्ब अवश्य रखें। शयनकक्ष में पलंग के पास ही एक या दो छोटे टेबल अवश्य रखें, जिस पर आवश्यकता अनुसार दूध, चाय, पानी आदि रखने की सुविधा हो। इसी टेबल का उपयोग ताजे फूलों का गुलदस्ता रखने आदि में भी कर सकती हैं।

शयनकक्ष के कपड़े जैसे चादरें, तकिए के कवर, परदे आदि यदि प्रतिदिन न बदलें, तो एक-दो दिन में अवश्य बदलें, इससे बेडरूम की खूबसूरती बढ़ जाती है और उसका आकर्षण बना रहता है। इसके अलावा बेडरूम में अनावश्यक सामान न रखें और न ही इसका उपयोग मेहमानों को बैठाने आदि में करें।

श्रृंगार कक्ष

बैठक अथवा बैठक के पास वाला कमरा श्रृंगार कक्ष के रूप में उपयोग में लाना चाहिए। इसमें ड्रेसिंग टेबल, बिना हत्थेदार कुर्सियां, स्टूल, छोटी मेज आदि सामान होना चाहिए। इस कक्ष में ही टांगने के लिए हेंगर, खूंटियां आदि भी होनी चाहिए, ताकि कपड़े, तौलिए आदि सरलता से टांगे जा सकें। चूंकि श्रृंगार सामग्री रखने के लिए स्थान की आवश्यकता होती है, इसलिए इस कमरे में ही अलमारी, दराज आदि भी होने चाहिए। इस कक्ष के परदे मोटे, गहरे रंग के होने चाहिए। इस कमरे में प्रकाश अपेक्षाकृत कम होना चाहिए।

श्रृंगार कक्ष को ही पति-पत्नी का 'प्राइवेट' रूम भी बना सकती हैं। इसमें रखी अलमारी का उपयोग आप अपनी नितांत निजी वस्तुएं, आभूषण, पैसे, डायरी, फोटो एलबम, रसीदें, बिल्स, टैक्स संबंधी कागजात, बैंक की पास बुकें आदि रखने के लिए करें। इन सब बातों की जानकारी पति-पत्नी को होनी चाहिए। ध्यान रखें कि घर की अनावश्यक वस्तुएं, फालतू चीजें इसमें न रखें। इसकी सफाई भी करते रहें, ताकि समय पर आपको इस प्रकार की रसीदें आदि मिलते रहें और समय पर ही आप ऐसे टैक्स, प्रीमियम आदि का भुगतान कर सकें। इस प्रकार आवश्यक कागजातों को एक स्थान पर रखने में समय लग सकता है, लेकिन इससे आप और आपके पति कई प्रकार की परेशानियों से मुक्त रह सकते हैं।

स्नानघर

घर का सबसे महत्त्वपूर्ण कक्ष स्नानघर अथवा बाथरूम होता है। इसे किसी भी प्रकार से कम महत्वपूर्ण न समझें। आजकल शयनकक्ष से जुड़े हुए स्नानगृह बनने लगे हैं। स्नानगृह में पानी की उचित व्यवस्था होनी चाहिए। पानी गर्म करने की सुविधा के लिए गीजर लगा होना चाहिए। टंकी का नल अपेक्षाकृत कुछ ऊपर हो। स्नानघर से पानी की निकासी सरलता से हो इसका ध्यान रखें अन्यथा सीलन, काई जम जाने का भय रहता है, जिससे कई प्रकार की दुर्घटनाएं हो सकती हैं। बाथरूम के दरवाजे पर मैट बिछाएं, ताकि फिसलने का भय न रहे। नहाने के बाद बाथरूम के नल, टोंटियां अच्छी तरह से बंद कर दें। पानी की टपकती बूंदें स्नान गृह को हमेशा गीला बनाए रखती हैं, जिससे वहां बदबू आने लगती है।

छोटे बच्चों को अकेला बाथरूम में कभी न छोड़ें। न ही उसे अकेले में शावर अथवा टब आदि में बिठाएं। इससे कभी भी दुर्घटना हो सकती है। बाथरूम में रखा हुआ फिनाइल, रेजर, ब्लेड, ब्लीचिंग पाउडर आदि बच्चों की पहुंच से बाहर रखें। इसी तरह किसी भी प्रकार का कीट नाशक पदार्थ भी बाथरूम में न रखें, तेल, शैम्पू आदि में भी अंतर रखने के लिए उन्हें अलग-अलग रखें। नहाने के बाद साबुन को हमेशा ऊपर रखें अन्यथा उसकी चिकनाई से फिसलन होगी और अपव्यय भी होगा। इसके साथ बाथरूम के दरवाजे भली प्रकार से बंद होने चाहिए, ताकि किसी अंजान व्यक्ति के अचानक खोलने पर न खुलें।

शौचालय

ग्रामीण क्षेत्रों में आज भी महिलाएं, पुरुष शौचादि के लिए खुले मैदान, खेतों में जाते हैं। शहरों और कसबों में इन्हें घर के अंदर ही बनाया जाता है। यदि शौचालय सीवर लाइन से जुड़े हुए हों, तो उसमें पानी अधिक बहाना चाहिए। यदि अन्य किसी तरीके से बनाया गया है, तो उसकी आवश्यकता-नुसार साफ सफाई करते-कराते रहना चाहिए।

सिंक को ब्रश से साफ करें। कभी-कभी उस पर सूखा चूना छिड़क कर सूखे कपड़े से रगड़ कर साफ करें। इससे सिंक पर जमी हरी काई हट जाती है और सिंक चमकने लगता है। शौचालय की सफाई के लिए फिनाइलयुक्त पानी का प्रयोग करें। महीने में कम-से-कम एक बार तेजाब का इस्तेमाल भी कर सकती हैं। इसका इस्तेमाल करने में बड़ी सावधानी बरतें। बाजार में इसका बना हुआ हलका घोल इसके लिए सर्वोत्तम रहता है। बाथरूम अथवा अन्य ऐसे स्थानों पर जहां सीलन की गंध आती रहती है, वहां समय-समय पर नमक रख दिया करें, इससे सीलन की गंध समाप्त हो जाती है। नीबू के सूखे छिलकों का उपयोग अलमारी में रखे कपड़ों के लिए किया करें, इससे अलमारी में गंध नहीं आती और कपड़ों में कीड़ा भी नहीं लगेगा। शौचालय अथवा वाश बेसिन में बाजार से मिलने वाली नेप्थलीन की गोलियां, टिकिया आदि लटका दें, इससे दुर्गन्ध कम हो जाएगी और हवा तथा पूरी रोशनी पाकर यह दूर भी हो जाएगी।

पूजा गृह

घर चाहे छोटा हो अथवा बड़ा, प्रत्येक घर में घर का कोई एक कोना पूजा गृह के लिए निर्धारित होता है। इस कक्ष में परिवार की गृहिणी, परिवार का कर्त्ता, बड़े तथा बच्चे सुबह-शाम बैठकर अपनी-अपनी इच्छानुसार अपने इष्ट देव की पूजा अर्चना करते हैं। हिंदू घरों में 'जय जगदीश हरे' की आरती सुबह-शाम होती है। बच्चों में धार्मिक संस्कारों के लिए परिवार की भावनाओं के अनुसार पूजा गृह अवश्य बनवाना चाहिए। इससे बच्चों में नैतिक आचरण का विकास होता है।

सफाई

घर चाहे जैसा भी हो, यदि उसकी सफ़ाई नहीं होती, तो वही घर धूल-मिट्टी से गंदगी का ढेर बन जाएगा। जगह-जगह जाले लग जाएंगे और स्थान-स्थान से टूट-फूट हो जाएगी और कुछ ही वर्षों में अच्छा-खासा घर खंडहर का ढेर बन जाएगा। इसलिए गृहिणी की दिनचर्या में सबसे अधिक समय सफ़ाई के लिए होता है। घर को साफ़-सुथरा और सजा-संवरा हुआ रखने के लिए उसमें तीन प्रकार की सफाई का होना आवश्यक है–

दैनिक सफ़ाई,

दैनिक सफ़ाई से आशय यह है कि घर में आई धूल-मिट्टी, कूड़ा आदि की सफ़ाई झाड़ू आदि से कर दी जाए। गीले कपड़े से फर्श पर पोंछा लगा दिया जाए। रसोई के बर्तन आदि साफ़ कर यथास्थान रख दिए जाएं। दैनिक सफ़ाई करते समय जिस कमरे को आप साफ़ कर रही हैं, उस कमरे की खिड़कियां, दरवाजे आदि खोल देने चाहिए, ताकि उसमें अच्छी तरह से सूर्य की रोशनी, हवा आदि आ-जा सके। परदे हटा दें। दिन भर में उपयोग में आने वाली वस्तुओं से धूल हटा दें। टी.वी., सेंट्रल टेबल आदि को झाड़ दें। पुस्तकें, पत्रिकाएं, अखबार आदि उठाकर यथास्थान रख दें। रसोई में रोज़ उपयोग आने वाली वस्तुओं को धो-पोंछकर यथास्थान रख दें। रसोई घर, बरामदे, आंगन, स्नानागार, शौचालय आदि में पर्याप्त पानी डालकर उसे साफ कर दें। कचरा डालने वाली डलिया अथवा ड्रम को साफ कर दें।

साप्ताहिक सफ़ाई

ऐसी सफ़ाई जो नित्य नहीं हो सकती, उसे कम-से-कम सप्ताह में एक बार तो कर ही देना चाहिए, जैसे जाले निकालना, रसोई में रखी क्राकरी, पुस्तकें आदि करीने से सजा-संभाल कर रखना। टेबल, क्लाथ, चादरें, परदे आदि बदलना।

वार्षिक सफ़ाई

घर के टूटे-फूटे निर्माण कार्य की मरम्मत, फर्नीचर की मरम्मत, पूरे मकान में डी.डी.टी. का छिड़काव, रंग, पुताई, वार्निश। दरवाज़े आदि की मरम्मत। बिजली की टूट-फूट की मरम्मत, नालियों आदि की मरम्मत।

आशय यह है कि घर की साज-सज्जा के लिए उसकी सफ़ाई बहुत आवश्यक है। यह सफ़ाई ही आपको कुशल गृहिणी होने का सम्मान दिलाती है और आप गर्व से यह कह सकती हैं कि मेरा घर...। मेरा अपना घर, सबसे अलग एक बंगला बड़ा प्यारा।

अध्याय 7

आंतरिक सज्जा

गृह-सज्जा का कलात्मक पक्ष आंतरिक सज्जा है। बैठक के एक कोने में रखा रेखाचित्र, बगीचे में लगा कलात्मक मूर्ति का प्रतीक पत्थर, शयनकक्ष की दीवार पर रेखाओं से बनी कलात्मक पेंटिंग, बरामदे की दीवार में घड़ी के पास लटका हुआ रंगीन पोस्टर, बोन्साई के पौधे पर लगा फल, गृहिणी की कलात्मक अभिरुचि के परिचायक तो हैं ही, साथ ही घर की सजावट के प्रति उसकी सुरुचि को भी प्रदर्शित करते हैं। घर की यह आंतरिक सज्जा यदि मेहमानों को सुकून देती है, तो इसका श्रेय भी गृहिणी को ही जाएगा...इससे सफल गृहिणी शब्द से भी आप नवाजी जाएंगी।

आंतरिक गृह-सज्जा आधुनिक जीवन शैली का एक प्रमुख अंग है। महानगरों में तो इस कार्य के लिए बड़े-बड़े संस्थान खुले हुए हैं और वे इसके विविध कलात्मक पक्षों पर उचित सलाह देकर घरों की आंतरिक सज्जा को नए रूप देते हैं।

आंतरिक सज्जा से घर न केवल आकर्षक और सुंदर दिखाई देता है, बल्कि इसमें बैठना भी शांतिदायक लगता है। कमरों की कलात्मक सज्जा देखकर अशांत मन को शांति मिलती है, मानसिक तनावों से मुक्ति मिलती है।

कमरों, बगीचों, शयनकक्षों को इस प्रकार की सुंदरता प्रदान करने के लिए रेखाओं के रूप में अनुकृतियों के द्वारा सजाया जाता है। रंग, रेखाएं और उनकी विविध आकृतियां, एकता और भावों की प्रतीक सज्जा को नए-नए अर्थ देने लगती हैं। सरल रेखाएं और वक्र रेखाएं अपने-अपने भावों के लिए दर्शकों को बहुत देर तक सोचने, विचारने के लिए विवश करती हैं।

मूर्तियों अथवा चित्रों की अनुरूपता

कमरों, बगीचों में नए-नए विभिन्न आकृतियों के पत्थर रखकर उन पर नए-नए अर्थ गढ़े जाते हैं और फिर भावों की अभिव्यक्ति के अनुसार उन्हें आकर्षक बनाकर उपयुक्त स्थानों पर रखा जाता है। परदे, खिड़कियों के अनुरूप इन्हें भी ऐसा स्थान दिया जाता है, जहां ये अपने नए-नए अर्थों में लोगों को प्रभावित कर सकें।

बनावट के अनुरूप आकृतियां

प्रकृति के विविध पक्षों की अनुकृतियां कमरों की सजावट में विविध प्रकार से काम में लाई जाती हैं। उगता अथवा डूबता हुआ सूर्य, काम से लौटती हुई श्रमिक महिलाएं, पक्षियों का कलरव, पक्षियों का प्रवास आदि अनेक ऐसे पक्ष हैं, जिन को कलाकार अपनी-अपनी कल्पनाओं के अनुसार रूप-सज्जा देकर कमरों को सजाते हैं।

इस विषय में गृहिणी को इतना ही ध्यान रखना चाहिए कि सजावट में आधुनिक शैली का प्रयोग हो, ताकि देखने वाला प्रभावित हुए बिना न रहे। जहां तक संभव हो, कमरों में सजावट का सामान इतना कम हो कि उसकी उपयोगिता कम न हो। कमरों को 'सैलून' बनाने की मानसिकता न पालें। दीवारों को कलेंडरों, पोस्टरों से पाट न दें।

बैठक, मरीज का कमरा, बच्चों के पढ़ने के कमरे आदि में फूलों से भी काम लें, फूल ताज़े और आकर्षक हों। अच्छा हो, फूलों के लिए घर पर ही पौधे लगाएं। यदि साधन और समय हो तो घर में 'किचन गार्डन' बनाएं। यह न केवल आपकी सजावट को प्रभावित करते हैं, बल्कि गृहिणी की रचनात्मक सोच को भी प्रभावित करते हैं। परिवार के लिए ताज़े फल और फूल सरलता से मिल जाते हैं।

बोन्साई

आंतरिक गृह-सज्जा के लिए छोटे-छोटे पुष्प पौधे लगाए जाते हैं। ये पौधे आकर्षक गमलों, पीतल के चमकते हुए बर्तनों तथा अन्य आकर्षक स्थानों पर लगाए जाते हैं। बोन्साई पौधे जापानी पुष्प-विन्यास की देन हैं। इस प्रकार के पौधे बहुत छोटे होते हैं, इनमें तीन शाखाएं रखने की परम्परा है, इन शाखाओं का अर्थ लोग विभिन्न प्रकार से लगाते हैं। वास्तव में ये पौधे अंतरराष्ट्रीय सद्भावना के प्रतीक माने जाते हैं।

इसके अतिरिक्त मनी प्लांट, बारहमासी, तुलसी आदि के पौधे भी सजावट के साथ-साथ हरियाली देने वाले होते हैं, इन पौधों को सरलता से घर में लगाया जा सकता है और ये सरलता से लग जाते हैं। गुलाब के पौधे सर्दियों में लगाने चाहिए।

छोटे-छोटे कलात्मक गमलों, विभिन्न आकारों की चौड़े मुंह वाली बोतलों, चीनी मिट्टी के बर्तन और ऐसे ही अन्य पात्रों में बोन्साई पौधों को उगाने तथा गृह सज्जा के लिए उपयोग करने का फैशन, महानगरों को छोड़कर अब छोटे शहरों, कसबों और होटलों में भी पनपने लगा है।

बोन्साई का मूल अर्थ है—तश्तरी में वृक्ष उगाने की कला। वृक्षों को हथेली के आकार में विकसित करने व सजाने की आधुनिक शैली पिछले कुछ सालों से भारतीय बैठकों में देखने को मिल रही है। यदि इन्हें ध्यान से देखा जाए, तो यह कला का वह रूप है, जो देखने वालों को आश्चर्य में डाल देता है। कला के इस रूप को अब सर्वत्र सराहा जाने लगा है, इसलिए अब लोगों का इस विषय में आकर्षण भी बढ़ने लगा है। शहरी घरों में जहां हरियाली की कमी रहती है, वहां बोन्साई पौधे अधिक लोकप्रिय हो रहे हैं। आपके पास चाहे स्थान कम भी हो, तो भी आप अपनी बैठक अथवा बालकनी में बोन्साई की हरियाली सब मौसमों में पा सकती हैं। केवल इतना ही नहीं, बल्कि इन पर लगे हुए फल-फूलों का आनन्द भी उठा सकती हैं।

सामान्य से कुछ असामान्य देखकर मन प्रसन्न होता ही है। इस कला को भी यही मानसिकता प्रेरित करती है। बड़े नगरों में तो इस कला के कई केन्द्र चलाए जा रहे हैं, जो बोन्साई पौधों की कला और रख-रखाव का प्रशिक्षण देते हैं। इसके विस्तार की संभावनाओं का ज्ञान कराते हैं। सब से अच्छी बात तो यह है कि अब इसे एक अभिरुचि के समान समझा जाने लगा है। लगभग सभी पौधे जिनमें पत्ते, फूल और फल लगते हैं, उन्हें बोन्साई का रूप दिया जा सकता है।

बोन्साई पौधों को उगाने के लिए गमले, मिट्टी, पौधों की जड़ें आदि की आवश्यकता होती है। इन पौधों को तांबे की तारों से बांध कर उन्हें मनचाहा रूप और आकार दिया जाता है। इन पौधों की शाखाओं को पत्थरों से बांध कर उन्हें वजन देते हैं जिससे वह ऊपर न जाकर नीचे ही झुकी रहती हैं और समय-समय पर इन्हें उगाने वाले मनचाहा आकार देते हैं।

बोन्साई की नियमित रूप से देखभाल व रख-रखाव करना जरूरी होता है। इन्हें हवा, पानी, खाद आदि भी पर्याप्त रूप से दी जाती है। इनकी जड़ें और पत्तियों को आवश्यकता और आकार के अनुसार काटा जाता है, विशेष कर जिस मौसम में पौधों की वृद्धि सामान्य से अधिक होती है, उस मौसम में इनकी डालियों, पत्तों को सीमित रखना पड़ता है। जब एक डाली काटी जाती है, तो उसकी जड़ से दूसरी डाली उगने लगती है। इस प्रकार इन पौधों की डालियां, शाखाएं, फूल और फल सीमित मात्रा में ही प्राप्त किए जाते हैं। वास्तव में इन पौधों को लगाने का उद्देश्य कलात्मक सजावट करना है। फल, फूल अथवा छाया लेना नहीं।

बोन्साई पद्धति विदेशी पद्धति है, जो चीन से पैदा हुई, लेकिन हमारे देश में भी औषधीय पौधे इसी रूप में पैदा करने की परम्परा प्रचलित थी। आज भी औषधीय पौधों के तने, डालियां आदि काट-छांटकर उन्हें लघु रूप में बरतनों और गमलों में विकसित किया जाता है और फिर इन औषधीय पौधों को बड़े पैमाने पर पैदा किया जाता है। घरों में लगाया जाने वाला तुलसी का पौधा एक ऐसा ही पौधा है, जिसे हम घर-घर का बोन्साई कह सकते हैं। बोन्साई पौधों की विशेषता यह होती है कि उसका छोटे-से-छोटा पौधा भी कई-कई वर्षों तक घर की बैठक की शोभा बना रहता है। यहां तक कि आप इस पौधे की आयु का अंदाज भी नहीं लगा पातीं।

पौधों की लघु रूप में उगाने व संवारने की कला में शामिल होने के साथ-साथ सजावट के लिए कुछ अपनी मौलिक सूझ-बूझ का भी परिचय दें। इस विषय में केवल इतना सोचें कि कमरे की सजावट का संबंध कला से होता है और कला की परख केवल कलात्मक अभिरुचि के व्यक्ति ही कर सकते हैं। वे किसमें क्या भाव तलाश लें, कह नहीं सकते। गमलों में लगे हुए कैक्टस इसी प्रकार के शो पीस हैं, जो आपको ऐसे-ऐसे स्थानों पर मिल जाएंगे, जहां आप सोच भी नहीं सकतीं। कला का क्षेत्र असीम है, इसलिए इस विषय में अपनी सोच को खुला, उन्मुक्त आकाश दें। कल्पनाओं में रंग भरने दें।

डाइनिंग टेबल

यद्यपि आंतरिक सज्जा से इसका कोई सीधा संबंध नहीं है, लेकिन यह आधुनिक परिवारों की दोहरी आवश्कता को पूरा करता है। आजकल के व्यस्त जीवन में जब परिवार का प्रत्येक सदस्य अपने-अपने कामों में मकड़ी के जाले जैसा उलझा रहता है, किसी को इतना समय ही नहीं मिलता कि एक छत के नीचे रहते हुए भी एक साथ मिल-बैठ सकें, तब यह कैसे संभव है कि उनमें भावनात्मक सामीप्य स्थापित रहे। वे एक-दूसरे की समस्याएं सुन सकें, समझ सकें। उन्हें अपने-अपने स्तर पर हल कर सकें। वास्तव में पारिवारिक एकता और परस्पर सौहार्द संबंधी लगाव के लिए एक दूसरे

को इतना समय तो मिलना चाहिए और आज के प्रगतिशील जीवन में केवल डाइनिंग टेबल अथवा खाने की मेज़ ही वह स्थान है, जहां गृहिणी अथवा उसका परिवार एक साथ मिल-बैठकर एक दूसरे से बातचीत करते हैं।

आप चाहे कामकाजी गृहिणी हों अथवा सामान्य गृहस्थ, मध्यवर्गीय हों अथवा उच्च वर्गीय, कसबाई जीवन हो अथवा शहरी, खाना चाहे भारतीय पद्धति से नीचे पटरे पर बैठकर खाते हों या आसन पर बैठकर या फिर पाश्चात्य शैली से डाइनिंग टेबल पर बैठकर खाएं, यदि आप खाना पूरे परिवार के साथ मिल-बैठकर खाते हैं, तो न केवल आपके भोजन का स्वाद बढ़ता है, बल्कि भोजन का आनन्द ही कुछ और होता है। इससे परिवार के सदस्यों में परस्पर विश्वास बढ़ता है, स्नेह और आत्मीयता बढ़ती है। परिवार में एकता के साथ-साथ मधुर संबंधों की बुनियाद पड़ती है। इसलिए गृहिणी को चाहिए कि वह अपने स्तर और सीमा में इसे अपनाएं। यदि दोनों समय संभव न हो, तो कम-से-कम एक समय (रात्रि का भोजन) तो अवश्य ही पूरे परिवार के साथ डाइनिंग टेबल पर लें। पूरे परिवार को एक निश्चित समय पर खाने की टेबल पर बुलाएं। स्नेह के साथ खाना परोसें और पारिवारिक जीवन का आनन्द लें।

प्रगतिशीलता के नाम पर अथवा अति व्यस्तता के नाम पर रात देर तक घर से बाहर रहना, होटलों में खाना, बाज़ार में मिलने वाले 'फास्ट फूड' से बच्चों का पेट भरना, नशा करना, देर तक गृहिणी का पति का इन्तजार करते रहना और भूखे रहना, देर रात तक टी.वी पर पिक्चर देखते रहना, क्लबों में जाना, मनोरंजन के नाम पर देर रात तक ताश अथवा पपलू, तम्बोला खेलते रहना आदि ऐसे आचरण हैं, जो कालान्तर में परिवार के विघटन का कारण बनते हैं तथा पारिवारिक हितों पर भारी पड़ते हैं। अभिभावकों के इस आचरण का प्रभाव बढ़ते बच्चों पर भी पड़ता है और फिर वे भी यह सब करते हैं, इसलिए यदि आप पूरे परिवार को एक साथ डाइनिंग टेबल पर खाना खिलाती हैं अथवा स्वयं भी मिलकर खाती हैं, तो जहां सबको साथ, समय पर खाने की आदत बनेगी, वहीं ऊपर लिखे व्यवहारों में से एक भी घर में न पनप सकेगा। परिवार का प्रत्येक सदस्य एक-दूसरे की भावनाओं का सम्मान कर समय पर डाइनिंग टेबल पर आने का प्रयास करेगा। कोई भी सदस्य एक-दूसरे की भावनाओं की उपेक्षा न कर सकेगा। यदि परिवार का कोई सदस्य किसी कारण से समय पर घर नहीं आ पाता अथवा डाइनिंग टेबल पर नहीं आ पाता अथवा कोई रात देर से घर आएगा, तो उस सबकी जानकारी गृहिणी अथवा परिवार के कर्त्ता को होनी चाहिए। परिवार का कोई सदस्य रोज-रोज इस प्रकार का व्यवहार न कर सकेगा अथवा परिवार का मुखिया उसके इस व्यवहार में अपने स्तर पर सहयोग कर उसकी समस्याएं सुलझाएगा। आशय यह है कि परिवार के प्रत्येक सदस्य को यह अहसास होना चाहिए कि मेरी वजह से पूरे परिवार को खाने पर मेरा इन्तजार करना पड़ रहा है। इस अहसास के कारण ही वह यह प्रयास करेगा कि सब काम शीघ्र पूरे कर समय से घर पहुंचे, ताकि पूरे परिवार के साथ डाइनिंग टेबल पर पहुंचकर खाना खा सके। गृहिणी अपने इस व्यवहार के कारण पूरे परिवार में यह विचार भी पैदा करे कि भौतिक सुखों और साधनों की इच्छा कभी पूरी नहीं होती, इसलिए परिवार के लोग इस मृगतृष्णा से बचें। हर समय पैसा कमाने की सोच न पालें। कुछ समय मां-बाप, पत्नी और बच्चों के लिए भी निकालें। परिवार के प्रति दायित्वों का यह अहसास हर परिवार के दिल में होना चाहिए और डाइनिंग टेबल ही वह स्थान है, जहां परिवार के सदस्य अपने इन अहसासों का प्रदर्शन कर सकते हैं।

डाइनिंग टेबल पर पूरे परिवार को बुलाने का यह एक ऐसा आचरण है, जो हमारे नैतिक मूल्यों को भी प्रभावित करता है। हमें आदर्श जीवन यापन के लिए प्रेरित करता है। परिवार का प्रत्येक सदस्य दूसरों के सामने आदर्श स्थापित करना चाहता है, इसलिए खाने की टेबल पर आने के इस व्यवहार से वे अपने इन आदर्शों को भी रखना चाहते हैं। खाने की टेबल पर बैठकर आप परिवार के सभी सदस्यों की बातें सुनें। दिल खोलकर उनके कार्यों, व्यवहारों, उपलब्धियों, सफलताओं की चर्चा करें, प्रशंसा करें। यदि परिवार के किसी सदस्य को उसकी योग्यता और प्रतिभा के अनुसार सफलता नहीं मिल रही है, तो उस पर चर्चा करें। उसे विश्वास में लेकर अपने अनुभवों के आधार पर उसे प्रेरित और प्रोत्साहित करें। एक दूसरे के विश्वास को जीतें। परिवार के कर्त्ता के रूप में आप उसे अपने स्तर पर सहयोग दें।

डाइनिंग टेबल का समय ऐसा होता है, जब गृहिणी बच्चों की पढ़ाई की जानकारी भी ले सकती है। यदि पति-पत्नी

दोनों ही कामकाजी हैं, तो एक दूसरे की कठिनाइयों को जानें, समझें, उस पर विचार-विमर्श करें, भावी योजनाएं बनाएं। आज का कार्यक्रम बनाएं। एक दूसरे की भावनाओं का सम्मान कर आज शाम का प्रोग्राम बनाएं। आने वाले इस रविवार का प्रोग्राम बनाएं। किसके घर जाना है अथवा किसे बुलाना है, इस पर विचार करें। कौन, कब, कहां मिला था, क्या कह रहा था, इस पर विचार करें। आशय यह है कि जीवन के सामान्य व्यवहारों की चर्चा भी यहां की जा सकती है।

आर्थिक संपन्नता प्राप्त नए-नए प्रगतिशील परिवारों में नई-नई होटल संस्कृति पनप रही है। महानगरों में जहां नशे की आदत बढ़ रही है, वहीं आपराधिक घटनाएं बढ़ रही हैं। अभी हाल ही में दिल्ली में कुलीन कहे जाने वाले लड़कों ने ही होटल की एक लड़की का खून कर दिया। परिवारों में वैचारिक संकीर्णता के कारण स्नेह के स्थान पर संदेह पनपने लगा है। सब व्यवहारों का एक ही कारण है कि परिवार में जुड़ाव के साधन कम होते जा रहे हैं। बड़े परिवारों में जहां लोग अपने-अपने कमरों में अलग-अलग रहते हैं, चाहे जब भोजन करते हैं, करते भी हैं कि नहीं, वहां भोजन का अपव्यय तो होता ही है। साथ में इस प्रकार के अपराध और पारिवारिक विवाद भी बढ़ते हैं और पारिवारिक बिखराव के अंकुर फूटने लगते हैं। जब परिवार में सबके खाने का समय निश्चित होता है, तो उस समय सब सदस्य सात्विक रूप से भोजन करते हैं। उस समय उनके मन में कोई मनोविकार नहीं होता।

यह एक सुखद आनन्द और सच्चाई है कि खाने की टेबल पर इस प्रकार से खुले दिल से मिलना, बातें करना ही पारिवारिक जीवन की सरसता है। परस्पर स्नेह और सौहार्द बढ़ाने वाला आचरण है। घुटन तो बंद कमरों में पनपती है। खुले आकाश के नीचे तो मन प्रफुल्ल रहता है। डाइनिंग टेबल पर एक साथ बैठे परिवार-जनों के दिलों में संकीर्णता कहां ? खाने की टेबल पर बैठकर पति, बच्चों और परिवार के वृद्धजनों को साथ-साथ, हंस-हंसकर खिलाएं, तभी गृहिणी का स्वीटहोम का सपना साकार होगा और इस सपने को साकार होने में समय भी नहीं लगेगा।

डाइनिंग टेबल पर परसे हुए खाने को खाने-खिलाने का आनन्द बढ़ाने के लिए भोजन को डाइनिंग टेबल पर सुरुचिपूर्ण ढंग से सजाने की कला जानें। परसे हुए खाने को सुंदर, आकर्षक और सुघड़ बनाने के लिए डाइनिंग टेबल के कुछ शिष्टाचार भी जानें—

- आमंत्रित मेहमानों अथवा परिवार के सदस्यों के अनुसार ही इसका आकार हो। अतिरिक्त रूप से लगाई गई कुर्सियां अथवा बीच-बीच में लगे हुए स्टूल मेहमानों को असुविधाजनक लगेंगे और उन्हें खाने में उतना आनन्द नहीं आएगा।
- टेबल पर छुरी, कांटे, चम्मच, नेपकिन, सर्विस स्पून, डोंगे, प्लेट आदि पहले से ही सजा दें।
- बीच में ताजे फूलों का गुलदस्ता अथवा 'केडल लैम्प' रखें।
- पानी के गिलास डाइनिंग टेबल पर न रखें। इन्हें रखने के लिए साथ में एक छोटी टेबल अवश्य रखें। इस पर जग, पानी आदि रखें।
- सलाद की प्लेटें हमेशा ढंक कर रखें। ये मेहमानों के इतने पास हों कि लेने में कठिनाई न हो। यदि टेबल बड़ी हो, तो सलाद को दो अथवा अधिक स्थानों पर रखें।
- डाइनिंग टेबल बीच-बीच में खाली भी करते रहें। ऐसा न हो कि वहां इतने बरतन एकत्र हो जाएं कि स्थान ही शेष न रहे।
- स्वीट डिश, फलों की प्लेट आदि हमेशा बाद में परसें। इसी प्रकार से आइसक्रीम भी बाद में ही परसें।

आशय यह है कि जब आपने मेहमानों के लिए डाइनिंग टेबल लगाई है या फिर आप स्वयं डाइनिंग टेबल का इस्तेमाल करती हैं, तो उससे संबंधित कुछ शिष्टाचार भी निभाएं, ताकि आपकी मेजबानी में चार चांद लग जाएं और यह मेहमानों के दिल में स्मृति बनकर रह जाए।

डाइनिंग टेबल की सज्जा देखकर मेहमानों का दिल खुश हो जाता है, इसलिए इसे सजाने में कोई कसर न छोड़ें। डाइनिंग टेबल भले ही सनमाइका का क्यों न हो, उस पर साफ, सादा, सुंदर मेजपोश अवश्य बिछाएं, इससे भोजन की खूबसूरती बढ़ जाएगी, ध्यान रखें परिवार के साथ मेहमानों को शराब न परसें।

अध्याय 8

गृहिणी के कुछ घरेलू उपकरण

घर में उपयोग आने वाले अनेक उपकरण होते हैं। इलैक्ट्रिक प्रेस से लेकर ए.सी. तक...। इन उपकरणों के रख-रखाव से जहां गृहिणी का दैनिक कार्य सरल हो जाता है, वहीं थोड़ा-सा ध्यान देने से ही इनके टूट-फूट और मरम्मत पर होने वाले भारी खर्चों से बचा जा सकता है। बस, आप इनके रख-रखाव पर ध्यान दें। मैकेनिक बनने की सोच कभी न पालें।

घर की सफ़ाई रख-रखाव, श्रम की बचत, समय की बचत और सुख-सुविधाओं के लिए आधुनिक घरों में कई प्रकार के उपकरण प्रयोग में लाए जाते हैं। एक समय था, जब ये उपकरण विलासितापूर्ण आवश्यकताएं माने जाते थे, लेकिन अब ये परिवार और गृहिणी की आवयकता बन गए हैं।

वाशिंग मशीन

श्रम और समय की बचत के लिए यह एक अति आधुनिक घरेलू उपकरण या मशीन है। यह बिजली से चलती है। इसमें सूती, रेशमी, नायलॉन, लिनन, ऊनी कपड़े आसानी से धोए जा सकते हैं। इस प्रकार की मशीनें छोटे-बड़े परिवारों में आवश्यकता अनुसार छोटी-बड़ी मिलती हैं। इन मशीनों से कपड़े धोने पर साबुन लगाने, रगड़ने, पटकने की आवश्यकता नहीं पड़ती। बस, कपड़ों के अनुपात से उसमें साबुन या कपड़े धोने का पाउडर डाला जाता है। इसके अंदर बिजली से चलने वाली मोटर, घूमने वाले पंखे लगे रहते हैं, जो कपड़ों की मैल, पसीना, धूल आदि निकाल देते हैं। इनमें कपड़ों को निचोड़ने के लिए बेलन जैसे डंडे लगे रहते हैं जिनसे होकर निकलने पर गीले कपड़े निचुड़ जाते हैं। गृहिणी को चाहिए कि मशीन खरीदते समय इसकी पूरी-पूरी जानकारी और बरतने वाली सावधानियों आदि के बारे में जान-समझ ले।

वेक्यूम क्लीनर

धूल, मिट्टी आदि को साफ़ करने के लिए, कालीन और गलीचों की सफ़ाई, फ़र्श की सफ़ाई आदि के लिए वैक्यूम क्लीनर का उपयोग किया जाता है। यह भी बिजली से चलने वाला उपकरण है। इसके साथ-साथ कई सहायक उपकरण होते हैं, जो अलग-अलग कार्यों के लिए उपयोग में लाए जाते हैं। इसका उपयोग करते समय इसकी भीतरी थैली में जमा होने वाली धूल, मिट्टी आदि को साफ़ करते रहना चाहिए।

मिक्सर, जूसर तथा ग्राइंडर

यह रसोई का महत्त्वपूर्ण, नित्य काम में आने वाला उपकरण है। मिक्सर, जूसर आदि भी मोटर से चलते हैं। इसका ऊपरी जार शीशे या प्लास्टिक का पारदर्शी होता है। इसका उपयोग मसाले पीसने (गीले), लस्सी, मैंगो शेक आदि बनाने के लिए होता है। जूसर से फ़लों का रस निकाला जाता है। ग्राइंडर से ठोस मसाले जैसे मिर्च, जीरा, दालचीनी आदि पीसते हैं। हलदी जैसे ठोस मसाले के लिए पहले उसके छोटे टुकड़े कर लेने से ग्राइंडर में मसाले सरलता से पीसे जा सकते हैं।

इस प्रकार के यंत्र को अधिक देर तक एवं लगातार उपयोग नहीं करना चाहिए। प्रयोग करने के बाद इसे साफ़ कर, सुखाकर रखना चाहिए अन्यथा जंग लग जाने का डर रहता है।

फ्रिज या रेफ्रिजरेटर

परिवार के खाद्य पदार्थों (ताजी और बची हुई) को रखने के लिए फ्रिज का उपयोग होता है। इसमें खाद्य पदार्थ, दूध, दही, फल, अंडे, मक्खन, पनीर, सब्जियां आदि सुरक्षित रहती हैं। चूंकि इसका ताप हिमांक के आसपास रहता है, इसलिए इसमें रखी वस्तुएं कई दिनों तक सुरक्षित रहती हैं।

इसमें बर्फ़, कुलफ़ी, आइसक्रीम आदि भी जमाई जा सकती है। ठंडे पानी के लिए भी इसका उपयोग होता है।

फ्रिज की देखभाल इस्तेमाल में सावधानियां

फ्रिज की उपयोगिता के साथ-साथ वह परिवार और रसोई का एक ऐसा उपकरण है, जिसके बिना रसोई घर खाली लगता है। वास्तव में इसकी उपयोगिता का अहसास तब होता है, जब यह खराब होता है। अतः इसकी देखभाल और इस्तेमाल में निम्न सावधानियां बरतें—

- सूखे कपड़े से दिन में एक-दो बार अवश्य पोछें। सप्ताह में एक बार साबुन के घोल से साफ करें। बाजार में मिलने वाले 'कोलिन' जैसे स्प्रे जोकि साबुन के घोल से ही बने होते हैं, का प्रयोग करें।
- फ्रिज साफ करने से पहले प्लग निकाल दें, क्योंकि गीले कपड़े अथवा हाथों में करन्ट लगने की संभावना बनी रहती है।
- फ्रिज का इस्तेमाल फ्रिज की तरह ही करें। इसे 'स्टोर' या अलमारी न समझें और केवल आवश्यक वस्तुएं

ही इसमें रखें। बार-बार खोलकर इसका दुरुपयोग न करें।

- आवश्यकता से अधिक बर्फ को 'डी फास्ट' करके गलने दें और बाद में किसी सूखे कपड़े से अंदर साफ करें।
- सर्दियों में भी फ्रिज बंद न करें। इसमें लगे हुए 'रेगुलेटर' का उपयोग कर इसे 'मिनिमम' पर चलाएं। इसी प्रकार से यदि लंबे समय तक बाहर जाना हो, तो भी कुछ ऐसा ही करें।
- वोल्टेज कंट्रोल के लिए 'स्टेबलाइजर' का इस्तेमाल करें। यदि इसकी व्यवस्था अंदर ही हो, तो इस संबंध में दिए हुए निर्देशों का कड़ाई से पालन करें।
- फ्रिज में रखी हुई सभी वस्तुएं अथवा सब्जियां ढक कर रखें। सब्जियों के लिए अलग-अलग पोलीथिन थैलियों का इस्तेमाल करें।
- फ्रिज में रखे बर्तन बर्फ के कारण आपस में न चिपकें, इसके लिए 'प्लास्टिक मैट्स' रखें।
- फ्रिज का इस्तेमाल टेबल के रूप में न करें और इस पर अन्य कोई सामान ला कर न रखें।
- दरवाजों की रबर समय-समय पर अवश्य बदलते रहें, इससे फ्रिज का तापमान अनावश्यक रूप से प्रभावित नहीं होगा और उसकी कार्य-शैली पर कोई विपरीत प्रभाव भी नहीं पड़ेगा। कंप्रेशर की जांच भी कराते रहें।
- यद्यपि अधिकांश परिवारों में फ्रिज को रसोई घर में ही रखा जाता है, लेकिन इस विषय में यह सावधानी बरतें कि रसोई घर में जहां धुआं अथवा गैस का काम होता है, फ्रिज को उससे कुछ दूरी पर रखें। यदि सुविधा हो और रसोई के पास ही बैठक हो, तो फ्रिज बैठक में रखें। इससे उसकी पालिश अथवा रंग पर धुएं का प्रभाव नहीं पड़ेगा और फ्रिज की रंगत वर्षों तक बनी रहेगी।

प्रेशर कुकर

शायद ही कोई ऐसा घर हो, जहां खाना पकाने के लिए प्रेशर कुकर का इस्तेमाल न होता हो। इससे न केवल ईंधन की बचत होती है, बल्कि एक साथ कई प्रकार के भोजन भी पक सकते हैं।

प्रेशर कुकर में सब्जी बनाते समय उसके बड़े-बड़े टुकड़े करने चाहिए, इससे उसके पौष्टिक तत्व नष्ट नहीं होते। प्रेशर कुकर में भोजन 'प्रेशर' से पकाएं। इसे बहुत अधिक देर तक न उबालें। भाप द्वारा पकाई गई सब्जियों के पौष्टिक तत्त्व उनके अंदर ही रहते हैं। कुकर में पानी कभी भी दो तिहाई भाग से अधिक न भरें। इसमें प्रेशर बन जाने के बाद गैस बंद कर दें। प्रेशर बन जाने के तुरन्त बाद इसका ढक्कन न खोलें। कुकर खोलते समय इस बात का ध्यान रखें कि भाप आपके मुंह पर न आए। कुकर का रबड़ समय-समय पर बदलते रहें। इसकी सीटी की तली को साफ रखें अन्यथा कभी भी कोई दुर्घटना हो सकती है। विशेषकर चने बनाते समय इस प्रकार की दुर्घटनाएं होती हैं।

एक साथ दो प्रकार से भोजन बनाते समय सेप्रेटर्स के नीचे पानी डालना न भूलें। कुकर का प्रयोग करते समय उसके 'सेफ्टी वाल्व' का ध्यान रखें और उसके खराब हो जाने पर तुरन्त ठीक कराएं।

गैस चूल्हा

गैस स्टोव को समय-समय पर सफाई करती रहें। हमेशा स्तरीय गैस चूल्हा ही प्रयोग करें। गैस चूल्हे के ऊपरी भाग को साफ करने के लिए हमेशा साबुन के घोल का इस्तेमाल करें।

नान-स्टिक बर्तन

नान स्टिक बर्तनों में खाना पकाने के लिए लकड़ी के चम्मच का इस्तेमाल करें। लोहे के चम्मच से इन बर्तनों का इनेमल खराब हो जाता है। इसलिए इनकी सफाई भी सावधानी से स्वयं ही करें। चाकू से खुरचें भी नहीं।

थर्मस

यह एक छोटा किन्तु बहु उपयोगी उपकरण है। इसे जितना सावधानी से रखेंगे, यह उतना ही सुरक्षित रहेगा। इसमें अधिक गर्म अथवा अधिक ठंडा पेय पदार्थ न डालें। जो भी पदार्थ डालें, धीरे-धीरे डालें। यदि लगातार कई दिनों तक कोई वस्तु इसमें रखी रहे, तो वह वस्तु खराब हो जाती है। ऐसी स्थिति में थर्मस को गर्म पानी से धोकर खुला रखकर सुखा लें। थर्मस के अंदर कांच की बोतल होती है, जिसमें

गैस भरी रहती है, इसलिए इसे उठाते रखते समय सावधानी बरतें। थर्मस की बोतल यदि अंदर से पीली पड़ गई हो, तो उसमें अखबार के टुकड़े भर दें। कुछ घंटों में निकाल दें। थर्मस का पीलापन दूर हो जाएगा। यदि उसमें बदबू आने लगी हो, तो एक प्याला छाछ व चुटकी भर नमक डालकर साफ करें, बदबू गायब हो जाएगी।

सिलाई मशीन

उच्च एवं मध्यवर्गीय परिवारों के लिए यह एक आवश्यक उपकरण है। यह गृहिणी की सुघड़ता में भी सहायक है, क्योंकि कपड़ों की छोटी-मोटी मरम्मत के लिए बाजार जाने में न केवल समय और पैसे का दुरुपयोग होता है, बल्कि आप भी जगहंसाई की पात्र बनती हैं।

सिलाई मशीन के रखरखाव के लिए निम्न सावधानियां बरतें–

- मशीन हमेशा ढककर रखें, क्योंकि इस पर धूल ज्यादा जमती है।
- समय-समय पर इसमें 'मशीन का तेल' निर्धारित स्थानों पर डालती रहें। इससे जहां मशीन हलकी चलेगी, वहीं इसमें जंग भी नहीं लगेगी।
- यदि मशीन बार-बार धागा तोड़ती है, तो शटल प्वाइन्ट संतुलित करें अन्यथा उसे किसी अच्छे मेकेनिक को दिखाकर उसकी मरम्मत कराएं।
- इसके अतिरिक्त यदि कैंची की धार कम हो गई हो, तो कैंची से सेंड पेपर को कई बार काटें। कैंची की धार तेज हो जाएगी। सुघड़ता इसमें नहीं कि आपके घर में आधुनिक जीवन की सुख सुविधाओं के कितने उपकरण हैं, सुघड़ता इसमें है कि आप इनका कितना सदुपयोग करती हैं। उदाहरण के लिए रसोई गैस की बचत ही लें।

रसोई गैस की बचत ऐसे करें

रसोई गैस की बचत के लिए निम्न उपाय अपनाए–

- खाना पकाने के लिए छोटे बरतनों का इस्तेमाल करें।
- पानी की उचित मात्रा डालें।
- सब्जियों को ढककर पकाएं।
- चना, मटर, राजमा जैसी अन्य खाद्य वस्तुएं पहले सादे पानी में भिगो दें, फिर गैस पर कुकर की एक-दो सीटी बजने के बाद गैस बंद कर दें और प्रेशर से इन्हें पकने दें। खाने को बार-बार गर्म न करें।
- सब्जियों को छोटे-छोटे टुकड़ों में काटें।
- कम चीज बनानी हो, तो बड़े कुकर में अलग-अलग कान्टेनरों का प्रयोग करें। साथ-साथ एक से अधिक वस्तुएं भी आप इन कान्टेनरों में पका सकती हैं।
- आलू उबालने के बाद बचे हुए गर्म पानी का उपयोग अन्य कार्यों जैसे फर्नीचर साफ करने, जेवर साफ करने, कांच साफ करने आदि में करें।
- गैस के लीकेज होने की संभावना हमेशा शून्य रखें।
- इनके अतिरिक्त अन्य अनेक उपकरण जैसे बिजली की केतली, बिजली की प्रेस, पानी गर्म करने वाला हीटर, टोस्टर, बिजली की सिगड़ी, कूलर, पंखें आदि घरों में होते हैं। इन सब उपकरणों के इस्तेमाल में बड़ी सावधानी बरतने की आवश्कता है, क्योंकि जरा-सी असावधानी किसी भी बड़ी दुर्घटना का कारण बन सकती है।
- इन उपकरणों के इस्तेमाल में तो सावधानी बरतें ही साथ ही इनके क्रय, रख-रखाव और उपयोग में भी सावधानियां बरतें। वह चाहे गैस लाइटर ही क्यों न हो।
- उपकरण हमेशा अच्छी कंपनियों के ही खरीदने चाहिए और प्रत्येक खरीद पर 'कैश मेमो' जरूर लेना चाहिए। इससे दुकानदार धोखा नहीं दे पाता। वह घटिया माल बेचने में कतराता है।
- सामान हमेशा 'आई एस आई' मार्क देखकर ही खरीदें।
- गारन्टी कार्ड अथवा वारन्टी कार्ड लेना न भूलें। उसकी पूर्ति भी हमेशा दुकानदार से कराएं, खरीद की तारीख अवश्य अंकित कराएं।
- खराब होने पर स्वयं मेकैनिक न बनें, बल्कि दुकानदार से शिकायत करें। संतोषजनक व्यवहार अथवा उत्तर न मिलने पर सीधे कंपनी को लिखें या फिर उपभोक्ता संरक्षण न्यायालय में जाएं। अच्छी स्तरीय कंपनियां उपभोक्ता हितों का पूरा-पूरा ध्यान रखती हैं।

अध्याय 9

गृहिणी—चौके की रानी

रसोई या चौका गृहिणी का कर्मक्षेत्र होता है। स्वादिष्ठ, पौष्टिक और संतुलित भोजन बनाना, परिवार के सदस्यों, सह कुटुंबियों, मेहमानों को खिलाना। उनसे प्रशंसा पाने में गृहिणी को जो आनन्द की अनुभूति होती है, उसे शब्दों में व्यक्त करना कठिन होता है। भोजन बनाने-पकाने की विविध विधियां कला के रूप में प्रकट हों, तो गृहिणी की प्रतिष्ठा में चार चांद लग जाते हैं। पाक कला में कुशल गृहिणी आप ही तो हैं...। अपने आपको परखिए...।

खाना तो सभी खाते हैं, अच्छा-बुरा, ताज़ा-बासी, कच्चा-पक्का। यह बात अलग है कि कुछ लोग पेट भरने के लिए खाते हैं और कुछ भोजन से आत्मिक, मानसिक और शारीरिक संतुष्टि का अनुभव करते हैं। मनुष्य के स्वास्थ्य का आधार उसका भोजन ही होता है।

आज के सामाजिक जीवन में भोजन की विविध तिधियां प्रचलित हैं, प्रचार माध्यमों ने तो इसे कला के रूप में प्रतिष्ठित कर दिया है। खाने के साथ-साथ कई प्रसिद्ध कुक के नाम जुड़ गए हैं। होटलों और बड़े-बड़े रेस्तरां में उनके नाम से 'डिश' बनने लगी हैं तथा पसंद की जाने लगी हैं। संजीव कपूर, सैफ़ अली, तरला दलाल आदि अनेक नाम खाने के साथ जुड़ने लगे हैं। गृहिणी के रूप में आपको इतनी जानकारी तो अवश्य होनी चाहिए कि खाने में मुख्य तत्व प्रोटीन, कार्बोहाइड्रेट्स, वसा, खनिज लवण, जल और विटामिन्स होते हैं। इन तत्वों का शारीरिक दृष्टि से अपना-अपना महत्त्व है।

प्रोटीन हमारी मांसपेशियों को बढ़ाते हैं, जिससे हमारा शरीर हृष्ट-पुष्ट होता है। यह दालों, दूध, मटर, पनीर, खोए, अंडे की जर्दी, सोयाबीन और मांस में अधिक मात्रा में होते हैं।

कार्बोहाइड्रेट्स से आशय स्टार्च और शुगर, आदि से है। इनकी मात्रा अधिक खाने से मोटापा बढ़ता है। ये ज़्यादातर चावल, गेहूं, मक्का, गन्ना, गुड़, मैदे, साबूदाना और फलों में मिलते हैं। बढ़ती हुई उम्र के बच्चों और गर्भवती महिलाओं के भोजन में इनकी मात्रा अधिक होनी चाहिए। बीमार और बूढ़े व्यक्तियों के भोजन में इनकी मात्रा अधिक नहीं होनी चाहिए। इसी प्रकार से उच्च रक्तचाप, मधुमेह और हृदय रोग के रोगियों के भोजन में इनकी मात्रा अधिक नहीं होनी चाहिए।

वसा से तात्पर्य घी, तेल, चर्बी आदि से है। यह दूध, घी, मक्खन, मूंगफली, बादाम, सरसों, नारियल, मांस आदि में मिलती है। इससे शरीर में ऊर्जा बनी रहती है। यह ईंधन का काम करती है। इन वस्तुओं के अधिक उपयोग से रक्त में कोलेस्ट्रोल की मात्रा बढ़ जाती है और वह गाढ़ा हो जाता है, जिससे रक्तचाप बढ़ने लगता है। इसलिए इन पदार्थों का उपयोग संतुलित मात्रा में ही करना चाहिए।

खनिज लवण एक प्रकार के खनिज पदार्थ होते हैं। लोहा, चूना आदि ऐसे पदार्थ हैं, जो शरीर को निरोग रखते हैं। ये पदार्थ शरीर में रोग प्रतिरोधक क्षमता को बढ़ाते हैं। हरी पत्तीदार साग-सब्जियों में ये मिलते हैं। पालक, चुकंदर, सेब, अमरूद, केला में लौह तत्व पाया जाता है।

जल हमारे शरीर से व्यर्थ पदार्थों को बाहर निकालकर शरीर को स्वस्थ रखता है। इससे शरीर का तापमान भी संतुलित बना रहता है।

भोजन का आवश्यक और सबसे उपयोगी तत्व हैं विटामिन्स, जिन्हें संजीवन तत्व भी कहते हैं, विटामिन ए, बी, सी, डी, ई होते हैं। ये शरीर की रोगों से रक्षा करते हैं। इसलिए गृहिणी को चाहिए कि वह अपने और परिवार के भोजन में इन विटामिनों का ध्यान रखें और भोजन में ऐसे पदार्थों और वस्तुओं का अधिक-से-अधिक प्रयोग करें, जो विटामिनों से भरपूर होती हैं जैसे

विटामिन ए गाय का दूध, मक्खन, हरी सब्जियों, अंडे की जर्दी व मछली में।

विटामिन बी गेहूं, अन्न, दालें, टमाटर, मांस, मछलियों, फलियों आदि में।

विटामिन सी रसदार फलों, नीबू, टमाटर, गोभी, शलजम, आदि में।

विटामिन डी दूध, फलों, सब्जियों, सेब, अंगूर आदि में।

विटामिन ई पालक, टमाटर, बंदगोभी, मलाई, कच्चा नारियल आदि में।

विटामिनों का भरपूर उपयोग कर गृहिणी, बच्चों को कई प्रकार की बीमारियों, जैसे 'बेरी-बेरी', आंखें, नाक, कान, मुंह की बीमारियों, शारीरिक और मानसिक विकास के अवरोधों से बचा सकती हैं।

इसलिए गृहिणी को चाहिए कि वह भोजन को चटपटा, मसालेदार बनाने की अपेक्षा उसे पौष्टिक बनाए, ताकि परिवार के सदस्यों का स्वास्थ्य अच्छा बना रहे। दैनिक जीवन में परिवार में दाल, रोटी, सब्जी, दूध, चावल, दही, रायता, चटनी, अचार, पापड़ आदि के रूप में गृहिणी खाना बनाती है और परिवार के सभी सदस्य इस भोजन को बड़े चाव से खाते हैं, लेकिन तीज-त्योहारों, उत्सव, पार्टी आदि में कुछ विशिष्ट प्रकार के व्यंजन घरों में परम्परा के अनुसार बनाए जाते हैं।

विवाह समारोहों में जबकि मेहमानों की संख्या बहुत अधिक होती है। घर में हलवाई अथवा 'केटरिंग वाले' बुलाए जाते हैं, जो बताए गए 'मीनू' के अनुसार भोजन बनाते हैं। घरों में आयोजित होने वाली पार्टी अथवा किसी अन्य ऐसे ही अवसर पर घर आए मेहमानों के लिए कुछ विशिष्ट व्यंजन बनाए जाते हैं।

मूंग की दाल का हलुआ, सूजी का हलुआ, खीर, गुंझिया, मावा, कचौड़ी, खोए की बर्फ़ी अथवा पेड़े, काजू की बर्फ़ी आदि ऐसे मीठे पदार्थ हैं, जिन्हें मेहमानों के सामने परोस कर गृहिणी गर्व का अनुभव करती है। इसी के साथ ही कुछ विशिष्ट सब्जियों का बनाना भी आवश्यक होता है। मटर-पनीर, दम आलू, भरवां करेले अथवा भिंडी, शाही पनीर, पालक पनीर, मक्खनी दाल, खोया मटर, मलाई कोफ्ता, मशरूम मटर, टमाटर भरवां, मिक्स वेजीटेबल आदि ऐसी सब्जियां हैं, जो ऐसे अवसरों पर घरों में बनाई जाती हैं। इनके साथ ही टमाटर सूप, वेजीटेरियन सूप, पालक सूप, सलाद आदि भी मेहमानों को परोसा जाता है। सलाद भोजन का अनिवार्य अंग बन गया है। गृहिणी विभिन्न प्रकार के सलाद सजाकर घर आए मेहमानों को प्रभावित करती है।

दही आधुनिक रसोई की अनिवार्यता बन गई है। इसका उपयोग मीठी दही, दही बड़े, रायते, लस्सी आदि में किया जाता है। भोजन में मट्ठे की कटोरी थाली की शान होती है। भोजन में अचार, मुरब्बा, चटनी, पापड़ आदि का परोसा जाना सामान्य शिष्टाचार तो है ही, साथ ही मेहमानों की रुचि भी इन वस्तुओं में अधिक होती है। इसलिए घरों में आयोजित होने वाली पार्टियों में इन वस्तुओं को भी महत्त्व दिया जाता है।

नई व्यंजन विधियां

आजकल लड़कियों को स्कूल-कालेजों में ही गृह-विज्ञान, पाक-कला, गृह-प्रबंध आदि पाठ्यक्रम पढ़ाए जाते हैं। लड़कियों को परिवार के सदस्य के रूप में अनेक पारिवारिक दायित्वों का निर्वाह करना पड़ता है। उसे क़दम-क़दम पर अपने अभिभावकों का सहारा बनना पड़ता है। यदि पति-पत्नी, दोनों कामकाजी हैं, तो लड़कियों को पूरे परिवार की देखभाल करनी पड़ती है। इसलिए आप भी बहू अथवा बेटी को विरासत में रसोई के संस्कार प्रदान करें और उन्हें दैनिक जीवन में बनने वाले भोजन की पूरी-पूरी जानकारी दें। इसी प्रकार से धार्मिक अवसरों पर, घर में होने वाले उत्सवों, समारोहों में अथवा मेहमानों के आने पर बनने वाले व्यंजनों की पूरी-पूरी जानकारी दें। लड़कियां भी इन पाक विधियों को बड़े लगन, उत्साह और उत्सुकता के साथ सीखें। सीखने का इससे अच्छा अवसर उन्हें और कहीं नहीं मिल सकता।

नई-नई व्यंजन विधियां निम्न प्रकार से सीखी जा सकती हैं–

1. परिवार से विरासत के रूप में।
2. पत्र-पत्रिकाओं से।
3. टी.वी. कार्यक्रमों से।
4. कोचिंग सेंटरों से।
5. पड़ोसी महिलाओं अथवा कुकिंग क्लासेज से।
6. संपर्क में आने वाली अन्य प्रदेशों की महिलाओं से।
7. व्यावसायिक रसोइयों से।

आधुनिक प्रगतिशील जीवन में खिलाने-खाने का शौक बढ़ता जा रहा है। महिलाओं और लड़कियों में नए-नए व्यंजन बनाने और सीखने की सोच विकसित हुई है।

लड़कियां जब रसोई में मां का सहयोग करती हैं, तो उन्हें कुछ विशिष्ट व्यंजन विधियां सीखने का व्यावहारिक प्रशिक्षण मिल जाता है। इन व्यंजनों को वे अवसर के अनुकूल बना-पकाकर ससुराल में अपनी कुशलता और सुघड़ता का परिचय देती हैं तथा प्रतिष्ठा प्राप्त कर लेती हैं।

पत्र-पत्रिकाओं ने हमारी जीवन शैली को बहुत प्रभावित किया है। दैनिक समाचार-पत्रों में सप्ताह में एक दिन 'महिला',

'महिला मंडल', 'वनिता', 'सुरभि', 'देहरी', 'परिवार', 'घर-आंगन' नाम से महिलाओं के पृष्ठ प्रकाशित होते हैं। इन पृष्ठों पर नई-नई पाक विधियां प्रकाशित होती हैं। इसके अतिरिक्त हिन्दी, अंग्रेजी भाषा में कुछ स्तरीय मासिक पत्रिकाएं प्रकाशित होती हैं। 'मनोरमा', 'गृहशोभा', 'गृहलक्ष्मी', 'मेरी सहेली' 'वूमन्स एरा', 'न्यू वूमन' आदि ऐसी पत्रिकाएं हैं, जिनमें नई-नई व्यंजन विधियां दी जाती हैं। आप इन्हें अपनी डायरी में नोट कर लें और फिर अवसर के अनुकूल बनाकर परिवार के मेहमानों, सदस्यों की खाने संबंधी इच्छाएं पूरी करें।

भोजन जीवन की अनिवार्य आवश्यकता है और स्वादिष्ट भोजन आधुनिक जीवन शैली का एक हिस्सा है। इसलिए आधुनिक जीवन शैली की इस आवश्यकता की पूर्ति के लिए टी.वी. पर 'खाना-खज़ाना', 'सेहत और स्वाद', 'रसोई शो' जैसे कार्यक्रमों द्वारा बताई गई देश के प्रसिद्ध कुक्स की नई-नई विधियों को अपनाकर न केवल कुशल गृहिणी होने का गर्व-गौरव अनुभव करें, बल्कि परिवार के सदस्यों को होटलों में जाने का अवसर ही न दें।

जैसा कि बताया गया है कि खाना बनाना-खिलाना आधुनिक जीवन शैली का एक हिस्सा है। यदि इसे यह कहा जाए कि सारा जीवन चक्र खाने पर ही केंद्रित है, तो अनुचित न होगा। अन्य उपयोगी पाठ्यक्रमों की भांति कुकिंग को भी अध्ययन-अध्यापन का एक अंग मानकर इसके कई प्रशिक्षण संस्थान खुल गए हैं। आप भी अपनी आवश्यकता, रुचि और सुविधा के अनुसार इन कुकिंग क्लासेज में जाकर नई-नई व्यंजन विधियां सीख सकती हैं। इस प्रकार से लिया हुआ प्रशिक्षण जहां आपकी पारिवारिक अपेक्षाओं और आवश्कताओं को पूरा करेगा, वहीं आप भविष्य में इसे एक व्यवसाय के रूप में अपनाकर रोज़ी-रोटी का एक आधार भी बना सकती हैं। इन कुकिंग क्लासेज में जहां विविध प्रकार की व्यंजन विधियां सिखाई जाती हैं, वहीं कुछ अन्य उपयोगी बातें जैसे वर्थडे केक बनाना, वर्थडे पर साज-सज्जा आदि बातें भी बताई जाती हैं।

पड़ोस की हमउम्र महिलाओं से भी आप विविध प्रकार की व्यंजन विधियां सीख सकती हैं। पड़ोस की बत्रा बहन जी को बनाने-पकाने, खिलाने का बड़ा शौक है। एक दिन गोभी की खीर बनाकर ले आईं। हमारे परिवार के लिए यह बिलकुल नया, अनूठा और स्वादिष्ट व्यंजन था। परिवार के सभी सदस्यों ने इसे जहां सराहा, वहीं मम्मी ने बत्रा बहन जी को दूसरे दिन सुबह चाय पर आमंत्रित कर दिया। उनसे गोभी की खीर बनाना सीख लिया। आप भी अपनी किसी सहेली को 'गुरु' बनाकर उससे नई-नई व्यंजन विधियां तो सीखें ही, साथ ही पारिवारिक संबंधों में भी दृढ़ता लाएं। इस बात का भी ध्यान रखें कि सीखी हुई नई व्यंजन विधि को दूसरों को सिखाने के लिए भी उतनी ही तत्परता और उत्साह दिखाएं।

नई-नई व्यंजन विधियां बनाने-पकाने और सीखने की यह इच्छा जहां आपको पाक कला में प्रवीण बनाएगी, वहीं आप एक अच्छी पड़ोसिन और एक अच्छी सहेली भी बन सकेंगी।

आधुनिक रसोई घर

कुशल और सुघड़ गृहिणी बनने का सपना हर लड़की तथा हर बहू का होता है। आप अपने इस सपने को साकार बनाने के लिए सबसे पहले एक अच्छे आधुनिक रसोई घर की कल्पना करें। आप चाहे लड़की हों अथवा गृहिणी, मकान चाहे नया बनवा रही हों अथवा पुराना ही हो, किराए का हो अथवा अपना, एक अच्छे बड़े रसोई घर की कल्पना अपने मस्तिष्क में बनाएं और हर संभव इस कल्पना को साकार बनाने का प्रयास करें। अपने सीमित साधनों में भी आप एक अच्छे आधुनिक रसोई घर की कल्पना को साकार बना सकती हैं।

रसोई घर बड़ा, समुचित प्रकाश युक्त, हवादार होना चाहिए। रोशनदान में एग्जास्ट पंखा लगा होना चाहिए, ताकि रसोई घर का धुआं, मसालों की गंध, भाप आदि सरलता से बाहर निकल जाए।

गैस के चूल्हे के ऊपर प्लेटफार्म पर ट्यूबलाइट अथवा बल्ब लगा होना चाहिए, ताकि प्रकाश पर्याप्त हो और खाना ठीक-ठीक पक रहा है, देखा जा सके।

रसोई का सामान रखने के लिए पर्याप्त शैल्फ, अलमारियां, आले आदि होने चाहिए, ताकि रसोई का सामान, डिब्बे, कांच की बर्नियां, मसाले, दालें, सब्जियां आदि सुव्यवस्थित रखी जा सकें। अच्छा हो यदि रसोई के पास ही 'फ्रिज' रखने का भी स्थान हो।

रसोई घर के दरवाजे के पास 'डस्टबिन' होना चाहिए, ताकि अवशेष सामान जैसे छिलके, कचरा, कागज आदि उसमें डाले जा सकें।

मिक्सी, टोस्टर, ओवन, हीटर आदि के लिए उचित स्थान पर अच्छी कंपनी का विद्युत पाइंट होना चाहिए, ताकि ऐसे उपकरणों का उपयोग सरलता के साथ हो सके और सुरक्षा भी बनी रहे।

रसोई का फर्श, प्लेटफार्म, पानी में नील डालकर प्रतिदिन दो बार साफ करें, इससे रसोई स्वच्छ बनी रहेगी। रसोई की स्वच्छता पर परिवार का स्वास्थ्य निर्भर रहता है, इसलिए इस विषय में किसी भी स्तर पर उदासीनता न बरतें।

बिगड़े व्यंजनों में सुधार

कभी-कभी किसी असावधानी अथवा भ्रामक स्थिति के कारण रसोई में बनाए हुए खाने, व्यंजन बिगड़ जाते हैं, जल जाते हैं, बेस्वाद हो जाते हैं, कभी आमंत्रित मेहमानों के अनुपात में खाना कम रह जाता है। ऐसी स्थिति में गृहिणी की स्थिति बड़ी विचित्र हो जाती है। उसे यह भी नहीं सूझता कि क्या करे ? कभी-कभी मेहमान भी अपेक्षाओं से अधिक आ जाते हैं। ऐसी सभी स्थितियों के लिए निम्न गुर अपनाकर न केवल पारिवारिक प्रतिष्ठा को बचाएं, बल्कि स्वयं भी सफल और सुघड़ गृहिणी होने का गौरव अनुभव करें।

नमक न डालने की स्थिति में

नमक का स्थान भोजन में रसराज का होता है। इसलिए यदि आप सूखी सब्जी में नमक डालना भूल गई हैं, तो सब्जी पर नमक बुरकने के स्थान पर गुनगुने पानी में नमक घोलकर सब्जी में मिलाइए, इससे पूरी सब्जी में नमक समान रूप से मिल जाएगा।

सब्जी कम पड़ जाने की आशंका में

सब्जी कम पड़ जाने की आशंका में चेहरे पर किसी प्रकार का तनाव अथवा उत्तेजना न लाएं। घर में रखे हुए टमाटरों की ग्रेवी बनाकर सब्जी में डालकर उसकी मात्रा आवश्यकता अनुसार बढ़ा लें। टमाटरों की ग्रेवी बनाने का आसान तरीका यह है कि उन्हें छोटा-छोटा काट लें। अच्छी तरह से उबालकर इसके छिलके और बीज निकाल दें। अब एक बड़ा चम्मच प्याज़, लहसुन, अदरक आदि तलकर इस ग्रेवी में छौंक दें। आवश्यकता अनुसार नमक-मिर्च डालकर बनी हुई सब्जी को बढ़ाने, गाढ़ा करने, स्वादिष्ठ बनाने के लिए इसका उपयोग करें। धनिए के स्वाद में यह ग्रेवी सब प्रकार की सब्जियों में आपका साथ देगी।

उबले हुए आलुओं को बनी हुई सब्जी में डालकर छौंक लें, सामग्री आवश्यकता अनुसार बढ़ा लें। घर में रखी हुई ब्रैड, स्लाइस प्लेट में सजाकर रख दें। भोजन की कमी को पूरा करें।

बिगड़े काम में सुधार

सब्जी में यदि नमक अधिक पड़ गया हो, तो उसमें लकड़ी का कोयला धोकर डाल दें। कुछ देर बाद निकाल लें। इससे सब्जी में नमक कम हो जाएगा। या फिर गूंधे हुए आटे की छोटी-छोटी गोलियां बनाकर डाल दें। थोड़ी देर बाद निकाल दें। नमक कम हो जाएगा।

यदि सब्जी में लाल मिर्च अधिक पड़ गई हों, तो उसमें एक चम्मच घी अथवा नीबू का रस या इमली का रस डाल दें। सब्जी का तीखापन कम हो जाएगा।

यदि आपने सब्जी में हलदी दो बार डाल दी है, तो एक लोहे का चम्मच आग पर गर्म कर इस सब्जी में एक दो बार डुबो दें। हलदी का स्वाद कम हो जाएगा।

कुकर पर सफ़ेद कपड़ा डाल दें। कुकर की भाप इस कपड़े के टुकड़े में से होकर निकलने दें। हलदी का प्रभाव कम हो जाएगा।

यदि पुलाव में पानी ज़्यादा पड़ गया है, तो एक मोटे तौलिए को कुकर के ढक्कन पर कुछ देर के लिए रखकर बंद कर दें, अधिक पानी यह तौलिया सोख लेगा।

कम मेहमानों के आने से रोटियां बच गई हों, तो उन्हें फ्रिज में रखकर सुबह इन पर पानी का छींटा देकर पुनः गर्म करके देखें। ये स्वाद में ताजी जैसी लगेंगी। इन्हें परिवार के सभी सदस्यों के सामने निःसंकोच परोसें।

घर में पड़े हुए लड्डू एक-दो दिन में ही 'बासी' हो जाते हैं। इन्हें ओवन अथवा तवे पर सेंक कर परिवार के सदस्यों में परोसें। एक दम ताजा जैसा स्वाद हो जाता है।

- बासी सब्जी में ताज़ापन लाने के लिए ठंडे पानी में नीबू का रस मिलाकर उसमें सब्जी को एक घंटे के लिए रख दें। सब्जी एकदम ताज़ी हो जाएगी।
- नीबू का आचार जल्दी ख़राब होने लगता है। इसके ख़राब होने की ज़रा-सी भी आशंका होने पर उसमें थोड़ा-सा सिरका डाल दें। वह फिर एकदम ताज़ा होकर महकने लगेगा।
- सब्जियों में डालने के लिए टमाटर न मिल पाएं, तो टमैटो केचअप डालें। रंग और स्वाद में कोई अंतर नहीं आएगा।
- चावल बनाते समय यदि उसमें नीबू का रस निचोड़ दें, तो चावल आपस में जुड़ेंगे नहीं। साफ़-सफ़ेद बनेंगे और महक भी अच्छी आएगी।
- चावलों को सुंदर बनाने के लिए उसमें कसी हुई लाल गाजर डाल दें, वह सुंदर बनेंगे और पौष्टिक भी।
- चाय को सुगंधित बनाना हो, तो उबलते पानी में संतरे के सूखे छिलके का जरा-सा टुकड़ा डाल दें। यदि यह संभव न हो, तो छोटी इलायची का छिलका डालें। चाय का स्वाद और सुगंध बढ़ जाएगी।
- यदि किसी सब्जी में पानी ज़्यादा गिर गया है और सब्जी की तरी को गाढ़ा बनाना ज़रूरी हो, तो कचालू पीस कर डालें। इससे उस सब्जी का शोरबा गाढ़ा हो जाएगा और उसका स्वाद भी स्वाभाविक बना रहेगा।
- यदि मटन न गल रहा हो, तो उसमें अख़बार का एक टुकड़ा डाल दें। वह फ़ौरन गल जाएगा।
- लहसुन के छिलके आसानी से न उतर रहे हों, तो लहसुन की कलियों को पांच मिनट तक गुनगुने पानी में भिगाए रखें, फिर खुरदरे कपड़े से रगड़ें। छिलका आसानी से उतरने लगेगा।
- पूरियां तलते समय यदि तेल में अमरूद के चार-पांच पत्ते डाल दें, तो पूरियां सफेद बनेंगी और तेल में झाग भी नहीं पैदा होगा।
- पिसी हलदी ख़राब हो रही हो, तो उसमें पांच-छः साबुत लाल मिर्च डालकर रखें, हलदी खराब नहीं होगी।
- अरहर की दाल में दो-तीन बूंद तेल डालकर उसे मसल कर रख दें। इससे दाल को कीड़ा नहीं लगेगा और आपकी दाल जल्दी भी गलेगी।
- साबुत मूंग, मसूर, मोंठ जैसी दालों में खड़ा नमक रखने से उसमें कीड़ा नहीं लगता।
- सूजी और मैदे में अकसर कीड़ा लग जाता है। इन्हें थैली में बंद कर फ्रिज में रखें। कीड़ा नहीं लगेगा।
- सूजी को हलका भूनकर डिब्बे में बंद कर रखें। इसमें कभी कीड़ा नहीं लगेगा।
- सूखे मेवे जैसे बादाम-काजू में कीड़ा लग जाता है, इनमें लौंग रख कर देखें। कभी कीड़ा नहीं लगेगा।
- कपूर उड़ जाता है। इसे काली मिर्च के साथ डिब्बी में बंद रखें। यह नहीं उड़ेगा।
- जिस डिब्बे में बादाम रखें, उसमें तीन-चार चम्मच शकर डालकर रखें। बादाम वर्षों खराब नहीं होंगे।

भोजन को सजाना भी कला है

बने हुए भोजन को सजाकर डाइनिंग टेबल पर रखें। इससे न केवल भोजन करने की इच्छा जागृत होती है, बल्कि मानसिक संतुष्टि भी मिलती है। लड़की देखने-दिखाने के व्यवहार में इस कला के द्वारा ही लड़की की सुघड़ता की परख होती है। मेहमानों के बीच अथवा परिवार के बीच बैठकर खाना सजाकर रखें। इस संबंध में निम्न बातों का ख्याल रखें–

- जिस प्रकार से कलाकार अपनी बनी हुई कृति को और अधिक आकर्षक बनाने के लिए तूलिका से 'फाइनल टच' देता है, उसी प्रकार से आप भी भोजन को परोसने से पहले कुछ अतिरिक्त सजावट देकर आकर्षक बनाएं।
- हलुआ, खीर, कस्टर्ड को परोसने से पहले उस पर विभिन्न रंगों की चेरी डालकर प्लेट में सजाएं।
- दाल, तरी वाली सब्जियों पर ऊपर से कटा हुआ धनिया डालकर पिसी हुई लौंग, दालचीनी, तेजपात, मीठी नीम (करी पत्ता) का छौंक दें। थाली में महकती हुई कटोरियां भोजन के प्रति उत्सुकता जगा देंगी।
- गुलाब जामुन कुछ बड़े ही बनाएं। इसे चांदी के वर्क से सजाएं। चाशनी इच्छा अनुसार डालें।

- रायते, दही बड़े की प्लेट सजाने के लिए पुदीने का चूर्ण इस्तेमाल करें। पिसी काली मिर्च ऊपर से सजाएं।
- टमाटर के सूप में बारीक पिसा हुआ पुदीना-चूर्ण मिलाकर परोसें, इससे न केवल सूप का स्वाद बढ़ जाएगा, बल्कि महकने भी लगेगा।
- चावल परोसने से पहले उसमें राई, जीरे का छौंक लगाएं। कटोरी का आकार देकर उसे परोसें। थाली की शोभा बढ़ जाएगी।
- गाजर, मूली, ककड़ी के सलाद को अलग-अलग कस कर उसे एक बड़ी प्लेट में तिरंगे के रूप में सजाकर डाइनिंग टेबल के बीच में रखें। इसी तरह से टमाटर, प्याज और नीबू, खीरे आदि को भी आकर्षक आकृति देकर सजाएं।
- पुलाव में लाल गाजर कस कर डालें, हरी चेरी डालकर पुलाव को भी विभिन्न रंगों में सजाएं। स्वाद और आकर्षण बढ़ाएं। सज्जा से भोजन को आकर्षक बनाकर आप मेहमानों का दिल जीत सकती हैं।
- खाने की मेज़ पर अथवा नीचे फर्श पर फूलों का एक बड़ा गुलदस्ता सजाकर रखें।
- नव दंपती को यदि आपने खाने पर बुलाया है, तो मेज़ पर मोमबत्तियां जलाकर वातावरण को आकर्षक और रोमांटिक बना सकती हैं।

इस प्रकार की साज-सज्जा से भोजन को आकर्षक बनाकर आप मेहमानों का दिल जीत सकती हैं।

खाना परोसना भी कला है

भोजन चाहे कितना भी अच्छा क्यों न बना हो, आप द्वारा प्रदर्शित किया गया स्नेह, आत्मीयता उसके स्वाद को बढ़ाता है। इसलिए खाना परोसना भी एक कला है। भोजन चाहे भारतीय पद्धति से नीचे बैठकर किया जा रहा हो अथवा 'बफ़े' पद्धति से खड़े होकर किया जा रहा हो, अपनी ओर से इस शिष्टाचार का पालन करें–

- भोजन सामग्री बड़े सम्मान के साथ परोसें, ऊपर से फेंकें नहीं।
- आग्रह करें, दुराग्रह नहीं।
- यदि आप जानती हैं कि परिवार के किसी सदस्य को उच्च रक्तचाप रहता है अथवा उसे मधुमेह (डायबिटीज) है या पेट में अलसर है, तो ऐसे सदस्य को मीठे अथवा नमक की वस्तुएं जानबूझ कर न परोसें। उसके साथ सहानुभूति रखें और उसका मज़ाक न उड़ाएं, बल्कि उसे भोजन में ऐसी वस्तुएं अवश्य परोसें, जो उसके आहार के लिए उत्तम हों। सलाद, दूध, दलिया जैसी वस्तुएं ऐसे लोगों के लिए उत्तम आहार होती हैं।
- खाना परोसते समय यह भी ध्यान रखें कि परिवार के किस सदस्य अथवा किस मेहमान को किस चीज की आवश्यकता है। इस आवश्यकता की पूर्ति करते समय किसी प्रकार की जबरदस्ती न करें।
- बच्चों और वृद्धों को अधिक मिर्च-मसाले वाली वस्तुएं न परोसें, इस बात का पहले से ही ख्याल रखें। भोजन में मिर्च-मसालों की मात्रा बड़ी संतुलित हो।
- कांच के गिलासों के नीचे अथवा प्लेटों के पास नेपकिन सजाकर रखें।
- स्वीट डिश हमेशा बाद में परोसें।
- वाश बेसिन के पास साफ़ तौलिया, साबुन, पानी अवश्य रखें।
- रसेदार सब्जी को परोसने के लिए हमेशा कटोरी का इस्तेमाल करें। थाली में ऐसी सब्जी कभी न परोसें।
- जैसे ही आप यह अनुभव करें कि सब मेहमान अथवा परिवार के सदस्य खाना खा चुके हैं, तो मौसमी फलों की प्लेट सजाकर मेज़ पर रखें और उन्हें फल खाने के लिए अनुरोध करें। इस अनुरोध में विनम्रता भरा आग्रह हो। किसी भी मेहमान के साथ किसी भी वस्तु को खाने के लिए हाथ धोकर पीछे न पड़ जाएं। खाने के बाद सौंफ, सुपारी आदि प्लेट में रखकर दें। ध्यान रहे, कि धूम्रपान के लिए आग्रह न करें, बल्कि इसके लिए मेहमानों को हतोत्साहित करें।

बच्चों की रुचियों का ध्यान रखें

अधिकांश माएं बच्चों के खाने के बारे में परेशान रहती हैं। वे खाना लेकर बच्चों के पीछे-पीछे फिरती हैं, लेकिन बच्चे अनेकानेक मनुहारों, आग्रहों के बाद भी कुछ नहीं खाते।

प्रायः बच्चों को खाना खिलाना एक समस्या जैसा होता है ज़रा ठंडे दिमाग से समस्या पर विचार करें। बच्चों में भोजन के प्रति अरुचि का कारण जानें, तो आप इस समस्या के व्यावहारिक समाधान को सरलता से पा लेंगी।

अरुचि का कारण

बच्चों में दूध के प्रति अरुचि का कारण यह होता है कि बच्चा प्रारम्भ में केवल मां के दूध पर आश्रित रहता है। लगातार दूध पीने के कारण उसे दूध से अरुचि हो जाती है। वह दूध किसी कीमत पर पीना पसंद नहीं करता।

कभी-कभी किसी बीमारी अथवा गले की खराबी आदि से भी भोजन के ठोस आहार से अरुचि हो जाती है।

आप बस इतना करें

बच्चा कभी भूखा नहीं रहता, इसलिए आप उसके भोजन के बारे में ज़्यादा चिंता न करते हुए इतना करें कि उसे हलका, सुपाच्य भोजन अवस्था के अनुसार खाने को दें, ताकि वह विभिन्न प्रकार की वस्तुओं के स्वाद जान जाए। इन स्वादों की अनुभूति हो जाने पर वह स्वतः ही इन वस्तुओं को खाने लगेगा।

बच्चों को भोजन के बारे में किसी प्रकार की जबरदस्ती न करें, न ही उन्हें इसके लिए प्रताड़ित करें। कुछ बच्चे तो केवल बिस्कुट से ही अपना पेट भर लेते हैं। आशय यह है कि उनकी रुचियां विकसित करें। उन्हें वही वस्तुएं दें, जो वे शौक से खाने लगें; भले ही वे फल ही क्यों न हों।

भोजन में हमेशा नई-नई वस्तुएं, जैसे पोए, नूडल्स, मेग्गी, ढोकला, वेजीटेरियन चीला, आलू टिक्की, ब्रेड पकौड़ा, सैंडविच, पौष्टिक लड्डू, उपमा, डोनट्स, पंजीरी, दलिया, खिचड़ी, काजू की बर्फ़ी आदि वस्तुएं समय-समय पर बनाकर दें। परिवार के एक सदस्य को सत्तू खाते देख बच्चा सत्तू खाने के लिए मचलने लगे, तो उसे सत्तू भी रुचिकर लगेगा।

इस विषय में मुख्य समस्या यह नहीं कि बच्चा भोजन नहीं करता, बल्कि समस्या यह है कि वह नियमित रूप से समय पर भोजन नहीं करता। भोजन के प्रति उसकी यह अनिश्चतता ही समस्या है। इसलिए अभिभावकों को चाहिए कि वे बच्चों को समय पर भोजन के लिए प्रोत्साहित करें, भले ही वह अल्प मात्रा में ही क्यों न हो। इस प्रकार की सोच ही बच्चों में खाने के प्रति उनका शौक़, इच्छा विकसित करेंगी और बच्चे परिवार के अन्य सदस्यों की तरह भोजन करने लगेंगे।

रसोई में छिपे हैं सौंदर्य प्रसाधन

रसोई गृहिणी का कार्यक्षेत्र है, संभवतः इसलिए इसमें अनेक सौंदर्य प्रसाधन भी छिपे हुए हैं। आप इन सौंदर्य प्रसाधनों को अपना कर अपनी नैसर्गिक कमनीयता और रूप-राशि को स्थायित्व प्रदान करें–

- काजल में कपूर मिलाकर लगाने से आंखें चमकीली और निरोग बनती हैं। आंखों के सौंदर्य के लिए यह प्रयोग करके देखें।
- आधा नीबू काटकर दोनों कोहनियों के बीच लगाकर दस मिनट तक रखें, फिर गर्म पानी से धो दें। नियमित रूप से प्रयोग करने पर कोहनियों पर कालिमा नहीं जमती। अन्य भागों की त्वचा की भांति साफ बनी रहेंगी।
- गर्म पानी में नमक या बोरिक पाउडर डालकर पांवों को धोएं। फटी हुई एड़ियों में मोम मलकर, बादाम तेल मलने से फटी हुई एड़ियां ठीक हो जाती हैं। सर्दियों में मोजे पहनें।
- चेहरे पर कील, मुहांसे हो गए हैं, तो मिर्च-मसालों से परहेज कर हरी सब्जियां, फल, पनीर और अंडे का सेवन करें। पानी अधिक पिएं। कब्ज़ न होने दें।
- बारी-बारी से गर्म, फिर ठंडे पानी के छींटे मारें या चेहरे पर भाप दें। तेज मेकअप न करें।
- मुहासों को दबाएं नहीं। साफ़ तौलिए का इस्तेमाल करें।
- अपनी सुराहीदार गर्दन को काला होने से बचाएं। सप्ताह में दो तीन बार ब्लीचिंग क्रीम का इस्तेमाल करें। नहाने से पहले पक्के पपीते का गूदा गर्दन पर रगड़ें। आलू का रस गर्दन पर रगड़ने से गर्दन का कालापन दूर होता है। खीरे के टुकड़े को गर्दन पर रगड़ने से भी गर्दन साफ़ होती है। उसमें स्वाभाविक कोमलता आती है।
- कच्चे दूध को रुई से चेहरे पर लगाएं और कुछ देर बाद रगड़कर उसे धो लें, धीरे-धीरे झुर्रियां दूर हो जाएंगी।
- आंखों के नीचे का कालापन सौंदर्य का सबसे बड़ा दुश्मन है। इसे दूर करने के लिए उस पर गाजर और टमाटर का रस एक-एक चम्मच मिलाकर लगाएं। गर्मियों के मौसम

में खीरे और टमाटर का रस लगाएं। कालापन खत्म होते दिन न लगेंगे।

- कच्चे दूध में काले तिल व पीली सरसों बराबर-बराबर मिलाकर पीसें। इसे चेहरे पर लगाएं। आधे घंटे बाद धो दें। इससे चेचक के दाग, मुहांसे मिटने में अधिक दिन न लगेंगे।
- दूध में जौ या चावल का आटा घोलकर उसे उबटन की तरह लगाएं, त्वचा कोमल और साफ़ हो जाएगी।
- एक लीटर गन्ने के रस के सिरके में एक मग पानी मिलाकर धोने से बालों का झड़ना बंद हो जाता है।
- रात को सूखा आंवला तथा थोड़ी-सी मेथी मिलाकर भिगो दें। सुबह इसे पीसकर सिर धोने में इस्तेमाल करें। इससे बालों की खुश्की समाप्त होगी, बाल लंबे, काले, घने और चमकदार बनेंगे।
- बालों को तुलसी के रस और नीम की पत्तियों के रस से धोने से जुएं खत्म होती हैं।
- कच्चे दूध का फोहा बंद आंखों पर रखें, आंखों की जलन, और थकान खत्म होने में देर नहीं लगेगी।
- दूध में बेसन, थोड़ा-सा जैतून का तेल, कुछ बूंदें नीबू के रस की, आधा चम्मच हलदी मिलाकर उबटन बनाकर चेहरे पर मलें, फिर धो दें। त्वचा में स्वाभाविक निखार आ जाएगा।
- गेहूं के आटे में थोड़ा-सा दूध, आधा चम्मच शहद मिलाकर चेहरे पर लगाएं, त्वचा निखरी-निखरी सी मुलायम बनेगी।
- गुलाब की पंखुड़ियां कच्चे दूध में पीस कर लेप करें। दस मिनट बाद धो दें, त्वचा कोमल बनेगी।
- चने की दाल रात-भर भिगोएं, सुबह पीस लें, हलदी मिलाकर चेहरे पर मलें, त्वचा में चार चांद लग जाएंगे।
- दूध में चिरौंजी भिगोकर पीस लें। इसका उबटन चेहरे, हाथ, कोहनियों पर मलें, चेहरा खिल उठेगा।
- जैतून के तेल की नाखूनों से आहिस्ता-आहिस्ता मालिश करें, नाखून चमक जाएंगे।
- नीबू के रस और छिलके से हाथों को साफ करें, हाथों का खुरदरापन दूर होगा, हाथ चमक उठेंगे। हाथ मिलाने में, आपके मन में किसी प्रकार की हीनता नहीं आएगी।

रसोई संबंधी आवश्यक बातें

- चूल्हे या कड़ाही पर जमी चिकनाई को आसानी से साफ करने के लिए थिनर का उपयोग कर अपनी सुघड़ता का परिचय दें।
- गैस बर्नर के छेद आटे और दूध के बार-बार गिरने से बंद हो जाते हैं, इन्हें खोलने के लिए सोडा मिले पानी में रात-भर पड़ा रहने दें, सुबह पानी से ब्रश मार कर साफ़ कर लें।
- वाशबैसिन साफ़ करने के लिए स्पंज का एक चौरस टुकड़ा लेकर उस पर एक चम्मच सफ़ाई का पाउडर या सर्फ डालें। प्रतिदिन इस टुकड़े पर कुछ बूंदें पानी की डालें। वाशबेसिन पोंछ लें, बाद में स्पंज को सूखने के लिए रख दें।
- कुकर की रबड़ खोलते ही ठंडे पानी में धो दी जाए, तो जल्दी खराब नहीं होती।
- कुकर की रबड़ यदि ढीली हो, तो उसे फ्रीजर में कुछ देर रखें, वह पहले की तरह ठीक काम करने लगेगी।
- मेथी के परांठे यदि दही से गूंधे गए आटे के बनाए जाएं, तो वह अधिक स्वादिष्ट बनेंगे।
- पूरियां बनाते समय यदि आटे में थोड़ा-सा बेसन मिला लें, तो पूरियां खस्ता बनेंगी।
- सर्दी में यदि दही आसानी से न जमे, तो लोटे में दूध गुनगुना कर जामन डालें और आटे के डिब्बे में ढककर रख दें। लगभग 6 घंटे में दही जम जाएगा।
- दही जल्दी जमाने के लिए एक साबुत लाल मिर्च दूध में डाल दें।
- आलू के चिप्स घिसने के बाद फिटकिरी के पानी में धोने से वे सफ़ेद बने रहेंगे।
- मिर्च पीसते समय उसमें जरा-सा सरसों का तेल मिला दें। इससे मिर्च का रंग गहरा हो जाएगा और उसकी धांस भी नहीं उड़ेगी।
- नीबू, संतरे के छिलके सुखाकर चूर्ण बनाकर दांत साफ़ करने से वह चमक उठते हैं।
- सूखे नीबू का अचार महीन पीसकर शीशी में भर कर रख लें। इसे चूरन के रूप में हाजमे के लिए प्रयोग करें।

- पनीर का पानी रोटी अथवा परांठे बनाने के लिए आटा गूंधने के काम में लाएं, रोटियां मुलायम बनेंगी। मटर के बेसन में मोयन कम लगेगा।
- नीबू के छिलकों से पीतल के बर्तन साफ करें। बर्तन चमक उठेंगे।
- पपीता यदि मीठा न निकले, तो उसे मसल कर कड़ाही में घी डालकर भून लें। इसमें छोटी इलायची, चीनी डालकर हलुआ बना लें। स्वादिष्ठ हलुआ बच्चों को खिलाएं और खुद खाएं।
- सूजी का हलुआ बनाते समय पानी के स्थान पर दूध डालें, हलुआ स्वादिष्ठ बनेगा। हलुआ बनाने में ठंडा पानी कभी न डालें। हमेशा चाशनी बनाकर पानी डालें।
- पके केले हमेशा लटकाकर रखें, कई दिन तक खराब नहीं होंगे।
- राख और सूखा वाशिंग पाउडर मिलाकर बर्तन रगड़ें, बर्तन चमक जाएंगे।
- कांच साफ़ करने के लिए अखबार को गीला करके प्रयोग करें।
- रसोई में डायरी और लिखने के लिए पेंसिल अवश्य रखें। यह सुघड़ता का परिचायक है।

रसोई घर की सावधानियां

जैसा कि ऊपर बताया गया है कि गृहिणी का अधिकांश समय रसोई में व्यतीत होता है, इसलिए गृहिणी को रसोई घर में रहते हुए, काम करते हुए बड़ी सावधानी बरतनी चाहिए। रसोई घर की जितनी भी दुर्घटनाएं होती हैं, वे सबकी सब असावधानी से होती हैं। इस विषय में हमेशा एक ही सिद्धांत ध्यान में रखें कि 'सावधानी हटी, दुर्घटना घटी।'

- खाना बनाना एक कला है, इसे पूरे मनोयोग के साथ करें, इसमें किसी भी प्रकार की जल्दबाजी न करें।
- रसोई के बर्तन को इस प्रकार से साफ़ करें कि उसमें चिकनाई न रहे। बहुत-सी घटनाएं चिकनाई के कारण होती हैं।
- भोजन बनाने के बाद चौका साफ़ करें और सब सामान सलीक़े से रखें। सफ़ाई का पूरा-पूरा ध्यान रखें, इससे आपका मन रसोई में लगा रहेगा और आप बोर नहीं होंगी।
- रसोई में उपयोग होने वाले मसाले, दालें और अन्य सभी छोटी-मोटी वस्तुएं डिब्बों में रखें और इन्हें पारदर्शी बर्नियों में ही रखें। यदि बर्नी अथवा डिब्बा पारदर्शी नहीं है, तो उस पर लेबल लगा दें।
- रसोई का प्रत्येक सामान एक निश्चित स्थान पर ही रखें। इतना निश्चित कि आप अंधेरे में भी उसे सरलता से उठा सकें।
- रसोई में साफ़ हवा जाने का स्थान अवश्य हो। घुटन और सीलन बिलकुल न हो। धुआं, खाना पकाते समय की भाप, क्षार आदि निकलने के लिए पर्याप्त स्थान हो। अच्छा हो एग्जास्ट लगवा लें।
- गैस के चूल्हे, हीटर, स्टोव आदि ज्वलनशील उपकरण के ऊपर कोई अलमारी, शैल्फ न रखें और न ही इनके ऊपर कोई ऐसा सामान रखें, जिससे असावधानी हो अथवा दुर्घटना की संभावना हो।
- जब चूल्हा जल रहा है, तो दूध अथवा चाय चढ़ाकर बाहर न निकलें, इससे दूध अथवा चाय में उबाल आकर वह फैल सकती है, चूल्हा बूझ सकता है, गैस निकलती रह सकती है। ऐसे में गैस लीकेज के कारण बड़ी दुर्घटना होने की आशंका बनी रहती है। इसलिए चूल्हे पर दूध, चाय रखकर इधर-उधर बिलकुल न जाएं।
- समान आकार, आकृति की वस्तुएं, जैसे नमक, चीनी, मिसरी, फिटकिरी, अलग-अलग रखें और उस पर लेबल अवश्य लगाएं। सोडा और पिसी हुई चीनी, नमक आदि वस्तुएं भ्रामक स्थिति पैदा कर सकती हैं।
- खाना पकाते समय साड़ी जैसे वस्त्र न पहनें, यदि पहने हुए हैं, तो सावधानी बरतें।
- चूल्हे पर बर्तन चढ़ाने-उतारने के लिए, सफ़ाई के लिए तथा अन्य दूसरे कामों के लिए झाड़न कुछ गीला रखें। इससे जहां सफ़ाई अच्छी होगी, वहीं गर्म बर्तनों की पकड़ अच्छी होगी, इसमें आग भी नहीं लगेगी।
- सब्जी काटने के लिए चाकू, साधारण चाकू ही हो, अन्य कोई अधिक तेज धारदार वस्तु न हो।

- रसोई में भरे हुए गैस सिलंडरों का भंडार न करें। इसी प्रकार से बिजली के प्लग हमेशा बंद करके रखें।
- रसोई को भंडार गृह न बनाएं अन्यथा यहां चूहे, कॉक्रोच, मक्खी, मच्छर, की भरमार हो जाएगी, जो आपके लिए परेशानी का कारण बनेगी।
- माचिस, छन्नी, चाकू, मोमबत्ती, लाइटर जैसी वस्तुएं एक ट्रे में एक साथ रखें।
- गर्म बर्तन उतारने के लिए साड़ी का पल्लू अथवा दुपट्टे का उपयोग बिलकुल न करें।
- खाना बनाते समय छोटे बच्चों को पास न आने दें। आपका ध्यान उधर जाएगा और किसी भी प्रकार की दुर्घटना हो सकती है।
- दुर्घटना हो जाने पर जले हुए स्थान पर ठंडा पानी डालें, फिर रुई आदि लेकर बर्नोल जैसा कोई स्निग्ध पदार्थ लगाएं या कोलगेट पेस्ट लगा लें।
- अगर खाना बैठकर बनाती हैं, तो आवश्यक सामान एक साथ नीचे रखें, बार-बार उठने-बैठने से अनावश्यक रूप से थकान आएगी।
- रसोई में 'डस्टबिन' या कूड़े का डिब्बा (टीन का कनस्तर) अवश्य रखें, प्रतिदिन सुबह इसका कूड़ा बाहर फेंककर सफ़ाई करें।
- यदि खाना बिजली के उपकरणों पर बनाती हैं, तो पैरों के नीचे लकड़ी का तख्ता अवश्य रखें, ताकि आकस्मिक रूप से लगने वाले बिजली के झटकों से बचा जा सके।
- सप्ताह में कम-से-कम एक बार रसोई की सफ़ाई कीटनाशक पदार्थों के घोल से करें।
- सोने से पहले नियमित रूप से गैस सिलेंडर व चूल्हा अच्छी तरह से बंद कर दें, बिजली के प्लग निकाल दें, यदि कोयला, लकड़ी आदि जलाती हैं, तो उन्हें अच्छी तरह से बुझा दें।
- तेल, घी जैसे पदार्थों को इतना अधिक गर्म न होने दें कि उनमें आग लग जाए।
- नया गैस सिलेंडर लगाते समय विशेष रूप से सावधानी बरतें और उसके पास रखे हुए सभी प्रकार के जलते उपकरण बुझा दें।

अध्याय 10

सौंदर्य की अभिव्यक्ति

मनुस्मृति में कहा गया है कि सजना-संवरना, बनाव-शृंगार गृहिणी की मनोवैज्ञानिक कमजोरी है। इसलिए त्योहारों, विवाहादि के अवसरों पर उन्हें सजने-संवरने के पर्याप्त अवसर देकर उनकी इस इच्छा की तृप्ति करें। इससे वंचित रहने पर उसमें जो मनोवैज्ञानिक विकार और विकृतियां आएंगी, वह परिवार के लिए अभिशाप सिद्ध हो सकती हैं, तनाव और बिखराव का कारण हो सकती हैं। सौंदर्य की अभिव्यक्ति पर गृहिणी की व्यावहारिक सोच...।

सुंदर दिखाई देना हर गृहिणी की इच्छा होती है, वह अपनी इस इच्छा की पूर्ति के लिए अनेकानेक सौंदर्य प्रसाधनों का प्रयोग करती आई है। महानगरों और छोटे शहरों में ब्यूटी पार्लर की बढ़ती संख्या इस बात का प्रमाण है कि सुंदर दिखाई देने की इस इच्छा को सामाजिक स्तर पर भी मान्यता प्राप्त है।

महिलाओं से संबंधित चाहे जिस पत्रिका को उठाकर देख लें, टी.वी. पर प्रसारित होने वाले विज्ञापनों का प्रतिशत निकाल लें, सब में एक ही बात दिखाई देती है कि महिलाओं में सजने-संवरने की प्रवृत्ति, अलग दिखाई देने की इच्छा बढ़ रही है। एक दूसरे से अधिक सुंदर, आकर्षक दिखाई देने के लिए नित्य नए सौंदर्य प्रसाधनों का उपयोग करने लगी हैं। इस विषय में सचाई यह है कि तेज, भड़कीले बनाव-शृंगार गृहिणी के चेहरे की स्वाभाविक कमनीयता को समाप्त कर देते हैं। तेज रासायनिक पदार्थ चेहरे की कोमल त्वचा को 'जला' देते हैं। इसलिए आजकल बाज़ारों में मिलने वाले सौंदर्य प्रसाधनों पर 'हर्बल' लिखा आने लगा है। हर्बल से तात्पर्य ऐसी जड़ी-बूटियों से है, जो सौंदर्य तो बढ़ाती हैं, लेकिन त्वचा पर बुरा प्रभाव नहीं छोड़तीं। इस विषय में सचाई कितनी है, इसके बारे में तो कुछ नहीं कहा जा सकता, लेकिन इतना अवश्य है कि गृहिणी को अपने सौंदर्य की रक्षा के लिए, कमनीयता को बनाए रखने के लिए ऐसे सौंदर्य प्रसाधनों का प्रयोग करना चाहिए जो प्राकृतिक हों। चंदन, हलदी, नीबू, संतरे के छिलके, कच्चा दूध, दही, तुलसी पत्र, बादाम का तेल, चोकर, खीरा, ककड़ी, लौकी आदि ऐसी अनेक वस्तुएं और पदार्थ हैं, जिनसे बने सौंदर्य प्रसाधन न केवल प्रभावकारी होते हैं, बल्कि त्वचा की नैसर्गिक कमनीयता को भी बनाए रखते हैं। बाजार में सौंदर्य प्रसाधनों की इतनी बहुतायत है कि उनमें से अपने लिए चुनना न केवल कठिन होता है, बल्कि उनकी गुणवत्ता को भी समझना कठिन होता है। कम खर्च, हलका-सा व्यायाम और कुछ सौंदर्य प्रसाधन ही आपकी सुंदरता के रक्षक हैं।

व्यस्त जीवन में सुंदरता को बनाए रखना और आत्मविश्वास के साथ मेकअप करने के लिए यहां कुछ सौंदर्य प्रसाधनों की जानकारी दी जा रही है। अपनी आवश्यकता, स्तर और अवसर के अनुकूल सौंदर्य प्रसाधनों का विवेक से उपयोग करें।

1. क्लींजिंग मिल्क : सौंदर्य प्रसाधनों में इसका अपना विशेष स्थान है, क्योंकि मेकअप करने से पहले त्वचा की सफ़ाई के लिए इसका प्रयोग किया जाता है। इसे रुई के फाहे पर लगाकर धीरे-धीरे त्वचा पर रगड़ें। इससे त्वचा बिलकुल साफ़ हो जाती है और त्वचा के बारीक-से-बारीक

छिद्रों में जमा मैल भी बाहर निकल आता है। तैलीय त्वचा पर जमा मैल, पसीने के कण आदि इससे साफ़ हो जाते हैं। बाज़ार में तैयार पैक में यह आसानी से मिल जाता है।

2. स्किन टोनर : त्वचा की सफ़ाई और रोम छिद्रों को खोलने के लिए एस्ट्रैजेंट लोशन या स्किन टोनर आता है। यह त्वचा को नई आभा देता है। यह अधिकतर गर्मी के मौसम में प्रयोग में लाया जाता है। यह त्वचा को शीतलता और ताज़गी प्रदान करता है।

3. क्लीजिंग क्रीम : यह सौंदर्य प्रसाधन क्रीम के रूप में मिलता है।

4. माश्चराईजिंग लोशन : त्वचा की नमी को बनाए रखने और बाहरी वातावरण से त्वचा की रक्षा करने के लिए इसका प्रयोग किया जाता है। इसे मेकअप के रूप में भी प्रयोग किया जाता है। इससे त्वचा में झुर्रियां नहीं पड़तीं। इसका प्रयोग बाहर आते-जाते समय करना चाहिए।

5. इरेज स्टिक : चेहरे पर दाग़, धब्बे तथा निशान छिपाने के लिए इसका प्रयोग किया जाता है। आंखों के नीचे आ गए काले धब्बे भी इससे साफ़ हो जाते हैं।

6. फाउंडेशन : मेकअप की सतह को बनाने के लिए इसका प्रयोग किया जाता है। अपनी त्वचा के रंग से थोड़ा गहरे रंग का फाउंडेशन प्रयोग में लाना चाहिए। इसकी दो-चार बूंदें ही पानी के साथ मिलाकर पूरे चेहरे, गर्दन, कानों आदि पर लगाएं।

7. कांपेक्ट पाउडर : चेहरे पर मेकअप अधिक देर तक बना रहे, इसलिए कंपैक्ट पाउडर का इस्तेमाल करते हैं। अतिरिक्त पाउडर को रुई या हलके मेकअप ब्रश से साफ़ कर झाड़ देना चाहिए।

8. ब्लशर : फेस पाउडर के बाद गालों को स्वाभाविक लालिमा प्रदान करने के लिए ब्लशर का प्रयोग किया जाता है। ब्लशर को इस प्रकार से लगाएं कि गालों की लालिमा बनी रहे और वे उभरे हुए दिखाई दें।

9. कैलामाइन लोशन : हलके बादामी रंग की हर्बल गुणों वाली यह तरल लोशन त्वचा को शीतलता प्रदान करती है और धूप से त्वचा को झुलसने से बचाती है।

10. वैनिशिंग क्रीम : त्वचा को बाहरी वातावरण और मौसमी प्रभावों से बचाती है, विशेषकर जब मौसम बड़ा शुष्क हो।

11. कोल्ड क्रीम : शीत ऋतु में लगाने के लिए उत्तम क्रीम होती है। यह त्वचा को शुष्क होने से बचाती है।

12. नाइट क्रीम : शुष्क त्वचा पर इसे रात को लगाया जाता है, जिससे कि त्वचा इसे पूरी तरह से सोख ले। इसे हाथों, कोहनियों, चेहरे पर कहीं भी लगा सकते हैं।

13. हैंड क्रीम : जो गृहिणियां पानी में काम करती रहती हैं, उनके हाथ शुष्क होकर भद्दे लगते हैं। उनकी नसें उभर आती हैं और झुर्रियां दिखाई देने लगती हैं। उन्हें अपने हाथों पर हैंडक्रीम का प्रयोग करते रहना चाहिए।

14. आई लाइनर : आंखों की सुंदरता के लिए इन्हें आखों के आस-पास लगाना चाहिए।

15. काजल : स्टिक और क्रीम दोनों ही रूपों में मिलता है। इसके प्रयोग से आंखें बड़ी-बड़ी और सुंदर लगती हैं।

कहने का आशय यह है कि सौंदर्य प्रसाधनों का कहीं अभाव नहीं है। नेल पालिश से लेकर लिप पेंसिल तक से बाज़ार भरा पड़ा रहता है, लेकिन चेहरे को नई चमक-दमक देने के लिए जरूरी है कि आप अपना मेकअप स्वयं करें और इसके लिए प्रसाधन भी वही चुनें, जो आपके लिए उपयुक्त हों।

भारी भरकम मेकअप, लिपा-पुता चेहरा आपको न केवल हंसी का पात्र बनाएगा, बल्कि लोग आप पर फिकरें कसने से भी बाज़ न आएंगे।

असमय में ही सफ़ेद बाल कभी-कभी आपके चेहरे पर अच्छे दिखाई नहीं देते। इसलिए या तो आप इन्हें मेहंदी से रंग लें या फिर बाज़ार में मिलने वाली किसी भी अच्छी कंपनी की हेयर डाई का प्रयोग करें। ध्यान रखें कि कभी-कभी हेयर डाई आपकी त्वचा के लिए उपयुक्त नहीं बैठती, इसलिए इसका प्रयोग करना तुरन्त बंद कर दें। यदि लगाएं तो पैकिंग में दिए गए निर्देशों का पूरी तरह से पालन करें।

फेशियल कराना, ब्यूटी पार्लर, में जाना अब कोई नई बात नहीं है। फेशियल त्वचा के 'रुग्ण' रोमों को निकाल कर बाहर करता है। चार-छह बार फेशियल करने से त्वचा में नया कसाव आता है और वह आकर्षक और निरोग बनी रहती है। देश में ऐसे बहुत से ब्यूटी पार्लर हैं, जो सौंदर्य निखारने की पद्धति के लिए प्रसिद्ध हैं।

दिल्ली का शहनाज हुसैन हर्बल क्लिनिक किसी 'फाइव स्टार' से कम प्रसिद्ध नहीं है। मुंबई के ताजमहल होटल में स्थित 'ताज सैलून' भी अपनी फैशियल पद्धति के लिए प्रसिद्ध है। महानगरों में ऐसे बहुत से ब्यूटी पार्लर केंद्र हैं, जो अपनी-अपनी विशेषताओं के लिए एक दूसरे से बढ़कर हैं।

आप अपने चेहरे की प्राकृतिक सुंदरता को बनाए रखने के लिए कुछ घरेलू तरीके अपना कर भी अपने रूप-रंग को बनाए रख सकती हैं, अपने व्यक्तित्व में निम्न प्रकार निखार ला सकती हैं–

- दही में थोड़ी-सी हलदी डालकर कच्चा दूध या मलाई डालकर नहाने से पहले चेहरे, हाथों, कोहनियों, गर्दन आदि पर मलें। फिर धो डालें त्वचा में स्वाभाविक निखार आ जाएगा। बेसन में चुटकी-भर हलदी डालकर उसमें कच्चा दूध डालकर चेहरे पर मलने से भी चेहरे पर निखार आ जाता है।
- कच्चे दूध में चिरौंजी पीसकर उसका पेस्ट बना लें, दस-पंद्रह मिनट तक इस पेस्ट से चेहरे को मलें, चेहरे में स्वाभाविक चमक आ जाएगी।
- संतरे के सूखे छिलके, पीसकर उसमें हलदी, चंदन का पाउडर डालकर पेस्ट बना लें, इसे चेहरे पर लगाएं, त्वचा में निखार आएगा और वह कोमल हो जाएगी, रंग भी निखरेगा। बादाम की गिरी को कच्चे दूध में पीसकर चेहरे पर लगाने से त्वचा में स्वाभाविक निखार आता है।

ग्रामीण क्षेत्रों में महिलाएं जहां किसी प्रकार के सौंदर्य प्रसाधनों को जानती भी नहीं हैं, वहां गेहूं का आटा या चोकर लेकर उसमें हलदी सरसों का तेल, नीबू आदि मिलाकर (दही या दूध मलाई) आदि का उबटन बनाकर चेहरे की स्वाभाविक चमक को बनाए रखती हैं।

इन घरेलू सौंदर्य प्रसाधनों के अतिरिक्त आप खीरे का रस, लौकी का रस, नीबू, नारियल पानी, ग्लिसरीन आदि को एक शीशी में घोल बनाकर रख लें और अपने चेहरे पर सोते समय लगाकर सोएं, फिर सुबह अच्छी तरह से धो दें, चेहरे में स्वाभाविक निखार आएगा।

यदि आपकी अवस्था कुछ अधिक है, त्वचा बेजान और शुष्क है, तो मुल्तानी मिट्टी, चंदन पाउडर, टमाटर का रस, खीरे का रस, ग्लिसरीन, गुलाब जल, थोड़ी-सी हलदी, लेकर इनका पेस्ट बना लें। इस पैक को प्रति रविवार या अन्य किसी दिन, सप्ताह में एक बार लगाएं, इस लेप का प्रयोग करते रहने से आपकी त्वचा कांतिमय बनी रहेगी और त्वचा हमेशा निखरी-निखरी सी दिखाई देगी।

आंखों की सुंदरता

चेहरे की सुंदरता बड़ी-बड़ी काली कजरारी आंखों से बनी रहती है। इसलिए आप इनका विशेष ख़्याल रखें। वैसे भी कहा जाता है कि आंखें हैं, तो जहान है। सुंदर आंखों के लिए कुछ प्राकृतिक और घरेलू उपाय आप कर सकती हैं–

- आंखों को दिन में दो-तीन बार ठंडे व साफ पानी से छींटे मार कर धोएं।
- सप्ताह में एक-दो बार सुबह के समय अपनी आंखों को त्रिफला से धोएं। त्रिफला बाज़ार में पंसारी की दुकान से तैयार मिल जाता है। इसे आवश्यकता अनुसार साफ़ पानी में रात को भिगो दें, सुबह उठकर इस पानी से आंखों को धोएं।
- धूप में आने के बाद, टी.वी. पर फिल्म देखने के बाद, जब भी आपको आंखें भारी लगें, थकी हुई लगें, तो उन पर गुलाबजल का गीला फाहा रखें। यदि गुलाब जल उपलब्ध न हो, तो ठंडे पानी से ही आंखों को ठंडक पहुंचाएं।
- आंखों को बड़ी देर तक धूप, धूल और धुएं से बचाकर रखें। धूप में धूप का चश्मा इस्तेमाल करें।
- लगातार आंखों पर ज़ोर देकर सिलाई, कढ़ाई, टी.वी. देखने, पुस्तक पढ़ने या टाइपिंग का काम न करें।
- खीरे के गोल टुकड़े काटकर आंखों पर रखकर कुछ देर आराम करने का अभ्यास करें।
- प्रातःकाल घास पर नंगे पैर चलने से आंखों की रोशनी बढ़ती है, उन्हें हरियाली देख-देखकर आराम मिलता है।
- अपने खाने में नीबू, गाजर, आंवला, संतरा, पपीता जैसे फलों का पर्याप्त इस्तेमाल करें। ये अप्रत्यक्ष रूप से आपकी आंखों का पोषण करते हैं और आंखें चमकीली, स्वस्थ बनी रहती हैं।

आशय यह है कि सुंदरता किसी अंग विशेष से ही नहीं झलकती। आपका व्यक्तित्व आपके सर्वांग सुंदर होने से ही निखरता है। मोर भी अपने पंखों पर इतराता है। अपनी नृत्य कला के लिए प्रसिद्ध है। अपनी आवाज से भी लोगों को मोहित करता है, लेकिन अपने ही पैरों की दशा देखकर आंसू बहाता है। आप भी केवल अपनी त्वचा, चेहरे, आंखों की सुंदरता पर ही ध्यान न दें, बल्कि अपने हाथों, पैरों, नाखून, बालों यहां तक कि पीठ, गर्दन आदि सभी अंगों की सफ़ाई, सुंदरता और मेकअप का ध्यान रखें।

मुलायम हाथों पर लंबे-लंबे नाखून सुंदरता को बढ़ाते हैं। इन नाखूनों को हमेशा साफ़ रखें और सलीके से काटें। नाखून छोटे हों या बड़े, लेकिन उन पर हमेशा प्राकृतिक रंग की नेल पालिश लगाएं। बड़े-बड़े नुकीले नाखून असभ्यता की निशानी है, अतः इनसे बचें।

हलका व्यायाम या फिर योग शरीर को सुंदर, स्वस्थ बनाता है। इसके साथ ही नियमित रूप से गालों, भवों, कनपटी, आंखों, गरदन आदि की मालिश किया करें। मालिश हलके हाथों से करें। इससे सुंदरता में चार चांद लग जाएंगे।

सुंदर दिखने के लिए सुंदर वस्त्रों का चुनाव भी जरूरी है। भड़कीले रंग के वस्त्र पहन कर बाज़ार में जाना अथवा काम पर जाना आपको जग-हंसाई के सिवाय कुछ न देगा। इसी प्रकार से अपने शरीर पर आभूषणों का लदान न करें। आभूषणों की अधिकता जहां आपको लोगों की नज़रों में 'सेठानी' बनाएगी, वहीं भड़कीले वस्त्र आपको 'हीरोइन' के 'निक नेम' भी देंगें। इसलिए सुंदरता के नाम पर अथवा

फैशन के नाम पर 'कुछ भी' न पहनें। यदि आप स्लीव्ज ब्लाउज पहनती हैं, तो उससे संबंधित अन्य बातों पर भी ध्यान दें। सौंदर्य के प्रति आपकी जागरूकता इस बात पर भी निर्भर करती है कि आपकी केश राशि कैसी है ? आपके चेहरे पर कौन-सा केश विन्यास आकर्षक लगता है ? इसलिए मेकअप के साथ-साथ अपने कपड़े, उनके रंग, आभूषण, धूप के चश्मे, बिंदी, सैंडिल, पर्स आदि पर भी ध्यान दें। सच तो यह है कि सौंदर्य आपके चेहरे में छिपा है। बस, इसे थोड़े-से विवेक, समझ और सूझ-बूझ से इसे निखारें। सौंदर्य प्रसाधन आपके बजट को असंतुलित न कर दें, यह सब आप और आपकी सोच पर निर्भर करता है।

सुंदर दिखने की ललक

स्कूल, कालेज की छात्राओं से लेकर अधेड़ उम्र की कामकाजी महिलाओं में भी यह मनोवैज्ञानिक प्रवृत्ति पाई जाती है कि वे सुंदर दिखना चाहती हैं। अपनी इस कमजोरी के कारण ही वे अपने आपको सुंदर दिखने की ललक में धन और समय, दोनों का ही व्यय करती हैं। महानगरों में ही नहीं, बल्कि अब छोटे-छोटे शहरों और कसबों में भी नित्य नए-नए ब्यूटी पार्लर, हेल्थ क्लब, योग और व्यायाम की कक्षाएं खुलने लगी हैं, जो इस बात का प्रमाण है कि स्त्रियों-पुरुषों में सुंदर बनने और सुंदर दिखने की स्वाभाविक इच्छा लगातार बढ़ती जा रही है।

इस संबंध में एक तथ्य यह भी है कि शारीरिक सुंदरता ईश्वर की देन है और त्वचा के नैसर्गिक रूप और गुणों को एक सीमा तक ही बदला जा सकता है, इसलिए सौंदर्य प्रसाधनों के निर्माताओं के दावे असलियत से बहुत दूर होते हैं। सैकड़ों तरह के इत्र, खुशबू, क्रीम, पाउडर, शैम्पू, स्प्रे, गोलियां आदि मिलकर भी वह चमत्कार नहीं कर सकते, जो आपका विवेक कर सकता है। इसलिए अपने प्राकृतिक और नैसर्गिक सौंदर्य को बनाए रखने के लिए इन सौंदर्य प्रसाधनों के उपयोग के स्थान पर प्रकृति की देनों का उपयोग आप चाहे त्वचा की कोमलता और कमनीयता के लिए करें अथवा आंखों की सुंदरता के लिए, बालों की देखभाल के लिए करें या चेहरे की झुर्रियों को मिटाने के लिए करें, आप के सुंदर और आकर्षक बनने की ललक अवश्य पूरी होगी। इसलिए आप हमेशा घरेलू उबटनों का प्रयोग करें। जड़ी-बूटियों द्वारा अपनी रूप-राशि की रक्षा करें और अपने सौंदर्य वृद्धि के लिए किए गए इन प्रयासों से न केवल सुंदर दिखाई दें, बल्कि सुंदर बनें। इस प्रकार के प्रयास जहां आपकी कोमल त्वचा को तेज रासायनिक द्रवों के कुप्रभावों से बचाएंगें, वहीं आप अपनी आयु के अनुरूप हमेशा जवान और आकर्षक बनी रहेंगी।

स्त्री शृंगार के लिए संसार प्रसिद्ध भारतीय सौंदर्य विशेषज्ञ शहनाज हुसैन स्वयं त्वचा के पोषण के लिए तुलसी, नीम, हलदी, बादाम का तेल, आंवला, मेहंदी, गुलाब जल, नारियल का तेल, चंदन आदि का उपयोग करने की सलाह देती हैं। अब तो इसके पाऊच भारतीय बाजारों में ही नहीं, बल्कि विदेशी बाजारों में भी धड़ल्ले से बिकने लगे हैं।

आप अपनी रूप-राशि, त्वचा की सुंदरता के लिए जागरूक बनें और अपने शारीरिक अंगों की देखभाल स्वयं करें। अपनी रूप-राशि की रक्षा के लिए अंधाधुंध सौंदर्य प्रसाधन अपने शरीर पर न थोपें, बल्कि सादगी के साथ अपने स्वाभाविक आकर्षण को बनाए रखें। इसे बनाए रखने की सोच ही आपको सुंदर, स्वस्थ, नीरोग और विशिष्ट बनाएगी और आप हमेशा खिली-खिली सी बनी रहेंगी।

त्वचा की सजीवता के लिए

आयु के अनुसार त्वचा में कोमलता, लावण्यता, कमनीयता और आकर्षण पैदा होता है। त्वचा की सजीवता, और झुर्रियों से बचने के लिए आवश्यक है कि आप त्वचा के प्रति सावधानी बरतें। त्वचा का काला पड़ जाना, आंखों के नीचे गड्ढे बन जाना, चेहरे पर झांइयां पड़ जाना, कील-मुंहासे होना आदि त्वचा के प्रति बरती गई उदासीनता के लक्षण हैं। इस विषय में विशेषज्ञों का मत है कि जब त्वचा की रक्त कोशिकाओं में रक्त का संचरण ठीक नहीं हो पाता, तो त्वचा काली पड़ने लगती है, फूलने लगती है, झुर्रियां पड़ने लगती हैं। त्वचा को इन सब रोगों से बचाने के लिए साइटोकिन्स नामक प्रोटीन का भरपूर उपयोग करना चाहिए। इससे त्वचा हमेशा नीरोग, कोमल और सजीव बनी रहेगी। त्वचा की सजीवता के लिए घरेलू उबटन ही आदर्श उपाय है।

घरेलू उपाय भी हैं जो निम्न हैं–

- तुलसी का रस, नीबू का रस तथा ग्लिसरीन को समान मात्रा में मिलाकर चेहरे और त्वचा के हर भाग पर मलें,

फिर कुछ देर बाद धो दें। इससे त्वचा में उजलापन आएगा और स्वाभाविक निखार भी आएगा।

- दही, संतरे के छिलके का पाउडर, नीबू, हलदी, चंदन का पाउडर, नारियल का तेल मिलाकर घरेलू उबटन बना लें, नहाने के पहले उसे शरीर के खुले भाग पर मलें, कुछ देर तक लगा रहने दें और बाद में ठंडे पानी से धो दें।
- जैतून के तेल में नीबू का रस मिलाकर रात में सोने से पहले चेहरे और त्वचा पर मलें, चेहरा निखर जाएगा।
- दही की मलाई या केवल दही बेसन में मिलाकर त्वचा पर मलने से कुछ दिनों में त्वचा साफ होने लगेगी और उसमें स्वाभाविक कोमलता आएगी।
- आक का दूध एवं हलदी मिलाकर लेप करने से त्वचा का कालापन दूर होता है।

इस प्रकार से रसोई और घर में सुलभ होने वाले इन साधनों का विवेक-संगत उपयोग करें। भरपूर नींद लें। पूरी नींद लेने से रक्त कोशिकाएं सक्रिय बनी रहती हैं। त्वचा में जब झुर्रियां पड़ने लगती हैं, तो वह न केवल भद्दी दिखाई देने लगती हैं, बल्कि लटकी-लटकी सी दिखाई देने लगती है। झुर्रियां पड़ने का कारण क्रोध, तनाव, चिन्ता, अनिद्रा, धूम्रपान आदि हैं। सौंदर्य प्रसाधनों का अंधाधुंध प्रयोग भी इसका एक कारण है, अतः इनके प्रति सचेत रहें।

इसके लिए आवश्यक है कि शाकाहारी भोजन करें। पर्याप्त पानी पिएं, स्निग्ध पदार्थों युक्त (दही, मक्खन अथवा नारियल तेल आदि) उबटन की नियमित मालिश करें। तेज धूप में छाता लगाकर निकलें। गर्दन, कोहनी आदि में पड़ गई झुर्रियों के लिए नियमित रूप से व्यायाम करें। डॉक्टर की सलाह से नियमित रूप से विटामिन बी का उपयोग करें।

कील-मुहांसे, झांइयां, मोटापा, मुंह की दुर्गन्ध आदि अन्य ऐसे अनेक कारण हैं, जो आपको सुंदर दिखने की स्वाभाविक इच्छा पर प्रतिकूल प्रभाव डालते हैं। इसलिए इन पर भी ध्यान रखें।

कील, मुंहासे और दाग-धब्बे आदि

कील, मुंहासे, झांइयां आदि उत्पन्न होने का कारण मीठे, तले हुए, गरिष्ठ मसाले युक्त, खट्टे पदार्थों का अत्यधिक उपयोग भरपूर नींद न आना, पेट खराब रहना, चेहरे पर तेज रासायनिक पदार्थों का उपयोग करना, क्रीम-पाउडरों का अत्यधिक प्रयोग करना आदि हैं।

कील, मुंहासों से बचने के लिए अपने खान-पान में विशेष सतर्कता बरतें। हरी व पत्तेदार सब्जियों का प्रयोग, नीबू, संतरा, पपीता, अमरूद जैसे फलों का सेवन करना चाहिए। कील-मुंहासों को हाथ से फोड़ना नहीं चाहिए। जहां तक हो, पेट साफ रखें। इसके लिए रात को सोते समय त्रिफला लें। आयुर्वेद में ऐसे अनेक घटक हैं, जिनका उपयोग कील-मुंहासों की सफाई के लिए किया जा सकता है। बाजार में मिलने वाले ऐसे लेप भी चेहरे में निखार ला सकते हैं। खान-पान संबंधी परहेज के लिए तले हुए खट्टे पदार्थ और मिर्च-मसालों से बचकर रहें। कफ़ कारक खाद्य पदार्थों से बचें।

कील-मुंहासे होने पर अथवा शुष्क त्वचा होने पर साबुन का इस्तेमाल न करें। मुंहासों पर लौंग घिसकर लगाएं। चेहरे पर झांइयां होने पर चावल का आटा, मसूर की दाल का पाउडर, चंदन का चूर्ण, संतरे के रस में मिलाकर घरेलू उबटन बना लें, इस उबटन का दस-पंद्रह मिनट तक लगा रहने दें। सूखने पर धो दें।

कील-मुंहासों के साथ-साथ चेहरे पर कांति ले आने के लिए 2 चम्मच खीरे का रस, 1 चम्मच दूध, 1 चम्मच हलदी, 2 चम्मच शहद, 1 चम्मच टमाटर का रस, आधा चम्मच नीबू का रस मिलाकर लगाने से चेहरे की कांति निखरती है। क्लेवर के लिए इसे नारंगी का छिलका पीसकर मिला सकते हैं।

मोटापा एक अभिशाप

'स्लिम फास्ट' के पोस्टर देखकर लगता है कि आजकल मोटापा एक अभिशाप बन गया है। छोटी उम्र में तो यह इतना दुःखदाई नहीं होता, लेकिन जैसे-जैसे उम्र बढ़ती जाती है, यह अनेक रोगों का कारण बन जाता है। ब्लडप्रेशर का बढ़ना, घुटनों का दर्द, मधुमेह आदि अनेक रोगों का कारण मोटापा होता है।

अपने खाने में ठंडे पेय पदार्थ, चाय, कॉफी, मिठाइयां, आइसक्रीम, आलू, चावल, चिकने पदार्थों का संतुलित उपयोग करें। घी-तेल का कम-से-कम इस्तेमाल करें। हलका व्यायाम अवश्य करें। आवश्यकता से अधिक न खाएं। दोपहर में सोने की आदत से बचें।

मुंह की दुर्गन्ध से बचाव

मुंह की दुर्गन्ध आपकी सुंदरता की सबसे बड़ी दुश्मन है। आप चाहे कितनी ही सुंदर, आकर्षक और स्लिम क्यों न हों, यदि आपके मुंह से बदबू आती है, तो कोई भी आपके पास बैठना पसंद नहीं करेगा। इसलिए शरीर से आने वाली पसीने की बदबू, मुंह से आने वाली दुर्गन्ध आदि के प्रति सावधानी बरतें। इसके अतिरिक्त यह भी करें–

- भोजन के बाद सौंफ, लौंग चबाएं।
- प्रातःकाल नियमित रूप से चार तुलसी की पत्तियां चबाएं।
- बाजार में मिलने वाले 'माउथ वाश' से गरारे करें।
- दिन भर खाने की आदत से बचें। पान, तम्बाकू, पाउच, टाफी, चाय, बिस्कुट जो भी खाएं उसके बाद मुंह साफ रखने की आदत डालें।
- रात में सोने से पहले ब्रश से मुंह अच्छी तरह साफ करें।
- पेट साफ रखें, इसके लिए हरी सब्जियों का उपयोग करें।
- त्वचा और चेहरे की सुंदरता के साथ-साथ अपनी कलाइयों, अंगुलियों, कोहनी, पैरों की सफाई का भी ध्यान रखें।
- सुंदर दिखने की अपनी इस ललक को सुंदरता के अन्य प्रतीकों से भी जोड़ें।

इसके अतिरिक्त कुछ और भी चीजें हैं, इससे आपकी सुंदरता में चार-चांद लगते हैं, इन्हें भी अपनाएं। ये चीजें निम्न हैं :

मेहंदी

नारी सुंदरता की प्रतीक मेहंदी केवल सौंदर्य प्रसाधन ही नहीं, बल्कि सुहाग व सुंदरता का भी साधन है। इसे त्योहारों पर लगाने की प्राचीन परम्परा है। मेहंदी लगाने से पहले हथेली को साफ कर लें। इसे लगाने के बाद कम-से-कम एक घंटे तक लगी रहने दें। सूखने पर उस पर नीबू या चीनी का घोल लगाएं, इससे मेहंदी आकर्षक रचेगी। मेहंदी के कुछ औषधिक गुण भी हैं, जैसे बालों को घना, काला और चमकीला बनाती है। शरीर को ठंडा रखती है आदि। अतएव इसे समय-समय पर अवश्य लगाती रहें।

बिंदी

बिंदी सुहाग चिन्ह के साथ-साथ सौंदर्य को बढ़ाने वाली है। यह विभिन्न डिजाइनों की बाजार में मिलती है। अपने चेहरे की बनावट के अनुसार इसे गोल अथवा लंबा लगाएं। यदि आपका चेहरा लंबा है, तो लंबी बिंदी दोनों भवों के बीच में लगाएं और यदि आपका चेहरा गोल है, तो माथे पर लगाएं, जिससे आप अपेक्षाकृत लंबी दिखें। सिन्दूर की बिंदी नारी की गरिमा को बढ़ाती है। बिंदी को चूड़ियों-साड़ी आदि से 'मैच' करती हुई लगाएं।

चूड़ियां

बिंदी के समान चूड़ियां भी सुहाग का प्रतीक और श्रृंगार का अंग हैं, अतः इन्हें अवसर के अनुकूल गरिमा प्रदान करें। श्रावण के अवसर पर चूड़ियों से भरी कलाइयां खनका कर स्त्रियां अपने आपको संसार की सुंदरतम रचना समझने का गर्व अनुभव करती हैं। पति के पसंद की चूड़ियां पहन कर आप उन्हें सरलता से रिझा सकती हैं।

सुंदर गर्दन

सुंदर सुराहीदार गर्दन नारी सौंदर्य का प्रतीक समझी जाती है। आप भी इसके प्रति सतर्क रहें। गर्दन पर जमी हुई मैल जहां इसकी सुंदरता को नष्ट करती है, वहीं इसमें पड़ी हुई झुर्रियां भी आपमें हीनता ले आएंगी। गर्दन की सुंदरता को बढ़ाने के लिए हमेशा गरदन उठाकर चलें। इसमें झुर्रिया न पड़ें, इसके लिए जरूरी है कि गर्दन को लटकाकर न रखें। नहाते समय अथवा उबटन मलते समय गर्दन की उपेक्षा न करें। गर्दन की सुंदरता को बढ़ाने के लिए कम-से-कम कुछ आभूषण अवश्य पहनें। इसकी त्वचा को गोरापन देने के लिए टेल्कम पाउडर का इस्तेमाल अवश्य करें।

आशय यह है कि महंगे सौंदर्य प्रसाधनों का उपयोग करने से स्थायी सौंदर्य की प्राप्ति नहीं हो सकती, बल्कि इस के दुष्प्रभाव आपके चेहरे पर अवश्य दिखाई देने लगेंगे। इसलिए अपने प्राकृतिक सौंदर्य के लिए आजमाई हुई सौंदर्य विधियां, उबटन, योग, व्यायाम आदि का नियमित रूप से अभ्यास करें। इससे आपको न केवल स्थायी सुंदरता प्राप्त होगी, बल्कि आप स्वयं को स्वस्थ, प्रसन्न, नीरोग और संतुष्ट अनुभव करेंगी।

हमारे देश में आज भी चेहरे की सुंदरता के लिए गांवों में हलदी, मिट्टी, खमीर, बेसन आदि के फेस पैक बनाकर

उपयोग किए जाते हैं, आप भी अपने प्राकृतिक रूप-रंग को पहचानें और महंगे सौंदर्य प्रसाधनों की मृगतृष्णा से ऊपर उठकर इन प्राकृतिक पदार्थों द्वारा अपनी अनुपम रूप-राशि को निखारें, अपने आपको संवारें।

अब देखिए अरस्तू जैसे महान् दार्शनिक ने कहा है—'किसी परिचय-पत्र की अपेक्षा व्यक्तिगत सौंदर्य स्वयं एक बड़ी सिफ़ारिश है।' यानी घर की स्त्री सजी-बनी रहती है, तो सभी उसकी ओर सहज आकर्षित हो जाते हैं। यही उसकी सबसे बड़ी सफलता है। अतः रूप में कमी भी हो, तो घबराएं नहीं। पूरे आत्मविश्वास के साथ बनी-ठनी रहें, फिर देखिए आपको मान्यता मिलने में कोई कठिनाई नहीं होगी।

अध्याय 11

गर्भ धारण, प्रसव एवं शिशु रक्षा

मां बनना हर गृहिणी की आंतरिक इच्छा होती है। मातृत्व का अहसास उसे असीम आनन्द के क्षण प्रदान कर आत्मिक सुखानुभूति का अहसास कराता है। मातृत्व के बिना वह जहां अपने आपको अपूर्ण समझती है, वहीं मन के किसी कोने में यह अभाव कसक भी बन जाता है। गृहिणी की आंखों में मातृत्व के इस अभाव को देखने के लिए मां की आंखें चाहिए। गृहिणी के इस प्राकृतिक सत्य पर एक दृष्टि।

मातृत्व एक प्राकृतिक सत्य है। मातृत्व का यह गुण एक प्रक्रिया है, जिसके परिणामस्वरूप गृहिणी बच्चों को जन्म देती है। मौलिक रूप से यह एक जैविक एवं शारीरिक प्रक्रिया है, परन्तु सभ्य समाज में इस प्रक्रिया को एक कला के रूप में विकसित किया गया है। इसमें मातृत्व से संबंधित सभी प्रक्रियाएं वैज्ञानिक आधार पर होती हैं, ताकि पैदा हुए बच्चे का समुचित एवं समुन्नत विकास संभव हो सके। अतः गृहिणी को इससे संबंधित सभी नियमों, सिद्धांतों, सावधानियों एवं प्रतिरक्षा नियमों का ज्ञान होना चाहिए। मातृत्व के इस विशिष्ट महत्त्व को ध्यान में रखते हुए ही गृहिणी को मातृत्व के बहुपक्षीय ज्ञान का व्यवस्थित रूप से अध्ययन करने के लिए कहा जाता है।

मातृत्व के साथ अनिवार्य रूप से बच्चे के जन्म की क्रिया जुड़ी हुई है। संपूर्ण मानवता का विकास इसी क्रिया से संबंधित है। जन्म के बाद से ही बच्चे का पालन-पोषण मां करती है। बच्चे के पालन-पोषण से जुड़ी सारी क्रियाएं मां के ज्ञान पर ही निर्भर करती हैं। मानव और जानवर में यह अंतर ही उसे जानवरों से अलग करता है। शिशु कल्याण मां का दायित्व होता है। इस दायित्व को पूरा करने के लिए मातृत्व की भावना प्रकृति ने मां के हृदय में पैदा की है। मातृत्व का यह क्षेत्र इतना व्यापक है कि इसमें शिशु कल्याण के किसी भी पक्ष की उपेक्षा नहीं की जा सकती। अतः मातृत्व का अध्ययन आगे लिखे बिंदुओं को दृष्टि में रखकर किया जाता है।

मातृत्व एक प्रकृति प्रदत्त उपहार है, परन्तु सफल और उत्तम मातृत्व के लिए जिन सामाजिक वर्जनाओं की व्यवस्था की गई है, उनका पालन होना ही चाहिए। उदाहरण के लिए अविवाहित मातृत्व को समाज में मान्यता नहीं दी गई है। अविवाहित स्त्री से पैदा हुआ बच्चा अवैध संतान के रूप में जाना जाता है।

चूंकि गर्भ धारण करना एक जटिल प्रक्रिया है, इसलिए मातृत्व के द्वारा गृहिणी को मानसिक रूप से इसकी जटिलताओं को समझ लेना चाहिए। गर्भावस्था में गृहिणी को अनेक प्रकार की शारीरिक असुविधाओं का सामना करना पड़ता है। गृहिणी को इस विषय में कुछ निर्धारित सावधानियों का भी पालन करना पड़ता है। इस अवस्था की परेशानियों, समस्याओं आदि के बारे में जानकारी महिलाओं को होनी ही चाहिए। गर्भपात के खतरे, रक्त अल्पता, अपरिपक्व जन्म आदि ऐसी विषम परिस्थितियां हैं, जिनका सामना कई महिलाओं को करना पड़ता है। गर्भ की सुरक्षा का अध्ययन भी महिलाओं को करना चाहिए।

मातृत्व कला और शिशु कल्याण का एक महत्त्वपूर्ण पक्ष परिवार नियोजन है। बच्चे के स्वास्थ्य को बनाए रखने,

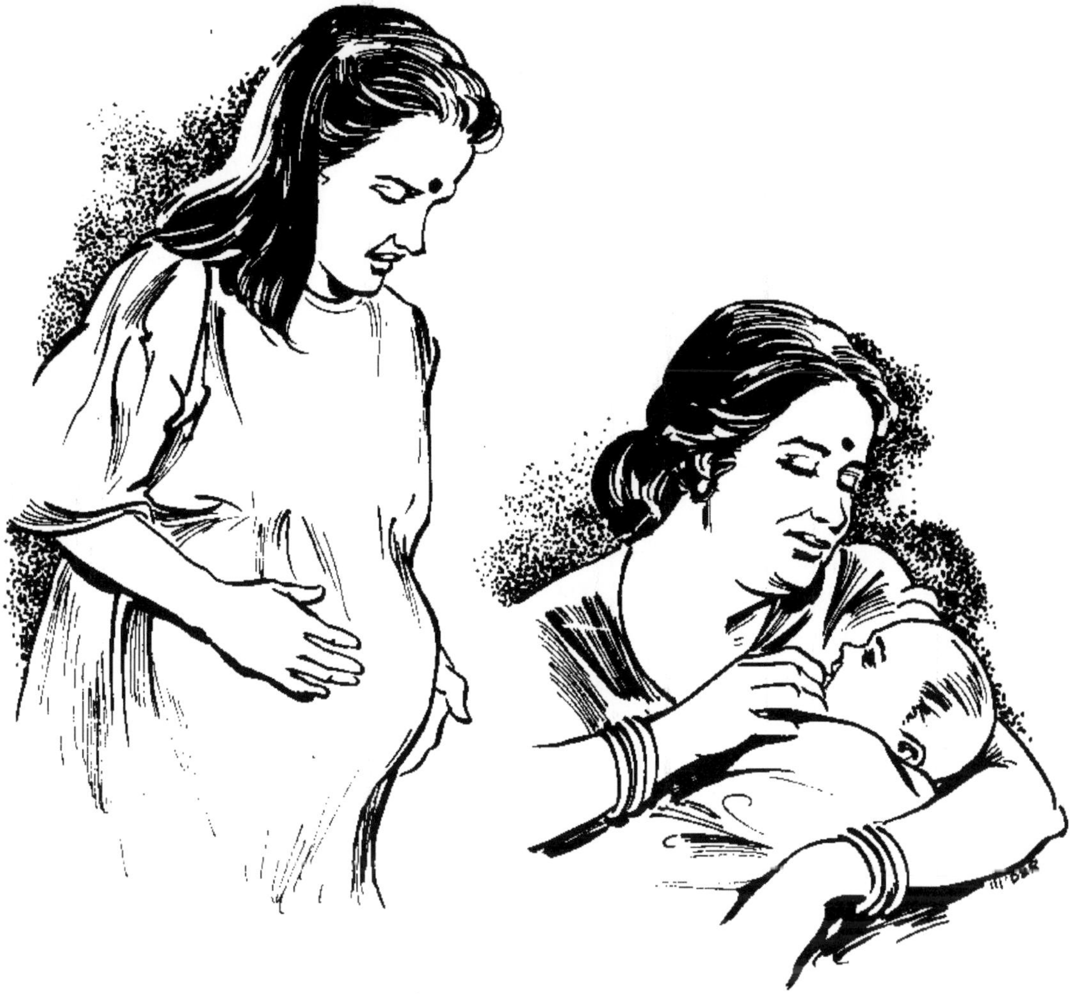

परिवार की सीमित आर्थिक स्थिति के लिए, परिवार में पहले से ही बच्चों की अधिक संख्या आदि बातों को ध्यान में रखकर मां को आने वाले बच्चे के जन्म के बारे में गंभीरता से सोचना चाहिए। यदि मां अपने परिवार को सीमित रखना चाहती है, तो गर्भ निरोध के अनेक उपाय प्रचलित हैं। डॉक्टर की सलाह से इनमें से किसी भी उपाय को अपनाना चाहिए, ताकि परिवार पर बच्चों का बोझ न बढ़े और गृहिणी का स्वास्थ्य भी अच्छा बना रहे। हमारे देश में प्रजनन के दौरान मरने वाली गृहिणियों में उन गृहिणियों की संख्या अधिक होती है, जो छोटी उम्र में ही गर्भ धारण करती हैं। एक के बाद दूसरा और दूसरे के बाद तीसरा बच्चा उन्हें समय से पहले ही वृद्ध बना देता है। इस विषय में मां-बाप की सहमति से न केवल परिवार में बच्चों की संख्या पर नियंत्रण रखा जा सकता है, बल्कि परिवार में खुशहाली और समृद्धि भी लाई जा सकती है।

मातृत्व के इस पक्ष में इस बात का भी बड़ा महत्त्व है कि प्रसव ठीक-ठीक हो जाएगा। प्रसव कार्य में किसी भी प्रकार की लापरवाही मां और बच्चे की जान पर मुसीबत ला सकती है। इसलिए कहा जाता है कि प्रसव के बाद मां का दूसरा जन्म होता है। हमारे देश में नीम-हकीम तथा दाइयों की लापरवाही का शिकार होकर सैकड़ों बच्चे और महिलाएं अपना जीवन गंवा बैठते हैं। इसलिए प्रत्येक गृहिणी को प्रसव-काल की सावधानियों का पूरा-पूरा ज्ञान होना चाहिए। इसी प्रकार से नवजात शिशु का भी उचित ध्यान रखना

चाहिए। कई बार छोटी-छोटी लापरवाहियों के कारण ही नवजात शिशु की मौत हो जाती है। आज से दस वर्ष पूर्व भारत में ही शिशु मृत्यु दर बहुत अधिक थी, पहले की अपेक्षा अब यह ग्राफ़ काफ़ी कम हो गया है। इसी प्रकार से शैशव काल में बच्चों को कई प्रकार के भयंकर रोगों से बचाने के लिए टीके लगना प्रारम्भ हो गए हैं। गृहिणी को चाहिए कि वह नवजात बच्चे के भविष्य को ध्यान में रखते हुए। बी.सी. जी., टिटनैस, पोलियो, खसरा आदि के टीके समय पर लगवाएं।

मातृत्व कला में केवल जन्म लेने वाले बच्चे की देख-रेख ही नहीं आती, बल्कि बच्चों की प्रतिभा विकास, क्रमिक विकास, उसकी मनोवैज्ञानिक आवश्यकताएं, शारीरिक और मानसिक आवश्यकताओं का अध्ययन, उसके चारित्रिक गुणों का विकास आदि सब मातृ-कला के ही विविध पक्ष हैं। बच्चों के पढ़ने-लिखने, खेलने आदि पर उसके विकास का प्रभाव आदि ऐसी ही बातें हैं, जिन्हें मां अनदेखा नहीं कर पाती। घर में आए बच्चों के मित्र और उसके साथ किया गया व्यवहार आदि ऐसे पक्ष हैं, जिन्हें अनदेखा नहीं किया जा सकता। वास्तव में बच्चों की बढ़ती उम्र के साथ-साथ उनमें कई आदतें विकसित होती हैं। ये आदतें ही उनका व्यक्तित्व विकसित करती हैं, उन्हें अच्छा अथवा बुरा बनाती हैं। सामाजिक समन्वय ही बच्चों को पारिवारिक अपेक्षाओं के अनुकूल बनाता है। समाज से कटा हुआ बच्चा अन्तर्मुखी होकर परिवार और समाज पर भारी पड़ता है। मातृ-कला एवं शिशु कल्याण में मां अपने ऐसे बच्चों को परिवार और समाज के लिए उपयोगी बनाती है। बच्चों के संबंध में कहा जाता है कि मां उसकी पहली पाठशाला होती है।

जन्म से लेकर काफ़ी बड़ी उम्र तक बच्चा मां-बाप पर निर्भर रहता है। उसे जब भूख लगती है, तो वह रोता है। मां उसे दूध पिलाती है। असामान्य जीवन यापन करने से एवं मौसम संबंधी विषम परिस्थितियों में बच्चों के स्वास्थ्य पर भी विपरीत प्रभाव पड़ता है। वह कई प्रकार के रोगों से ग्रसित हो जाता है। बच्चों के सामान्य रोग एवं उनसे बचने के उपाय मां ही अच्छी तरह से जानती है। बच्चे के स्वास्थ्य के लिए शुद्ध जल, शिशु आहार, कपड़े आदि की समुचित व्यवस्था मां ही करती है। रोग निरोधक क्षमता वाले टीके बच्चों को मां ही लगवाती है। बच्चों के लिए पौष्टिक आहार संबंधी जानकारी मां को होनी चाहिए। हमारे देश में अनेक बच्चे कुपोषण के शिकार होकर अनेक प्रकार की गंभीर बीमारियों से ग्रसित हो जाते हैं। अतः बच्चों के स्वास्थ्य से संबंधित जानकारी मातृ-कला का ही अध्ययन है।

बच्चे की शारीरिक स्वच्छता, उसके शौचादि की व्यवस्था, उसका नैपकिन बदलना आदि कार्य व्यवहार मातृ-कला का ही महत्त्वपूर्ण पक्ष है। बच्चों की नींद के संबंध में भी मां ही उसका ख्याल रखती है।

परिवार और बच्चा, मातृ-कला और शिशु कल्याण ऐसे पक्ष हैं, जिन्हें देश के प्रत्येक नागरिक को समझना चाहिए। आप चाहे गृहिणी हों अथवा परिवार की अन्य सदस्या, स्त्री हों अथवा पुरुष, मातृ-कला से संबंधित ये पक्ष अनिवार्य पारिवारिक अपेक्षाएं हैं, जिनकी सामान्य जानकारी तो हर व्यक्ति को होनी ही चाहिए, क्योंकि परिवार में आने वाला प्रत्येक नया सदस्य किसी-न-किसी रूप में आपसे संबंधित होता ही है।

गर्भावस्था में गृहिणी की विशेष देखभाल

गर्भावस्था में गृहिणी के स्वास्थ्य की पूरी-पूरी देखभाल होनी चाहिए और उसे पूर्ण पौष्टिक एवं संतुलित आहार मिलना चाहिए। नारी जीवन में गर्भावस्था एक विशेष अवस्था होती है। इस अवस्था में शरीर में अनेक परिवर्तन एवं वृद्धि होती है। इसलिए भ्रूण के विकास के साथ-साथ मां को भी अनेक पोषक तत्वों की आवश्यकता होती है। मां के आहार में पोषक तत्वों की कमी रह जाती है, तो भ्रूण अपनी आवश्यकता मां के भोजन से करने लगता है। स्पष्ट है कि ऐसी अवस्था होने पर मां की आहार संबंधी आवश्यकताओं में कमी आ जाएगी। मां के स्वास्थ्य पर इसका प्रतिकूल प्रभाव पड़ेगा। इसके अतिरिक्त मां को इस अवस्था में अन्य कई परेशानियों का भी सामना करना पड़ता है। नींद न आना, जी मिचलाना, उल्टियां आना आदि के कारण भी उसकी दशा असामान्य सी बनी रहती है। कभी-कभी आहार के प्रति अरुचि भी हो जाती है। इन सब बातों को ध्यान में रखते हुए गर्भवती स्त्री के आहार के प्रति विशेष जागरूकता की आवश्यकता होती है। इस अवस्था में उसे पर्याप्त मात्रा में प्रोटीन, खनिज और विटामिन युक्त पौष्टिक भोजन मिलना चाहिए। इससे जहां उसकी समस्याएं और परेशानियां कम होंगी, वहीं वह स्वस्थ

बच्चे की मां बन सकेगी। चूंकि बच्चा अपना पूरा आहार मां के आहार से ही ग्रहण करता है, इसलिए इस विषय में किसी प्रकार की भी उदासीनता मां और बच्चे, दोनों के लिए जोखिम पूर्ण हो सकती है।

आधुनिक प्रगतिशील कहे जाने वाले समय में गर्भावस्था में कुछ महिलाएं धूम्रपान करती हैं, कुछ मादक द्रव्यों का सेवन करती हैं, या फिर कभी-कभी अति तनाव में रहकर कुछ असामान्य परिस्थितियों से गुजरती हैं, ऐसी महिलाओं के गर्भस्थ शिशु पर भी इसका बहुत अधिक प्रभाव पड़ता है, इसलिए ऐसी परिस्थितियों से बचने के प्रयास करने चाहिए।

गर्भवती महिलाओं के लिए आहार

जैसा ऊपर बताया गया है कि गर्भवती महिलाओं के लिए पौष्टिक और संतुलित आहार की बहुत आवश्यकता होती है। अतः उसके भोजन में निम्न पौष्टिक वस्तुओं का होना आवश्यक है :

ऊर्जा : गर्भवती महिलाओं के शरीर में तंतुओं के बनने की क्रिया तेज होने से उसे प्रतिदिन 300 कैलोरी अतिरिक्त ऊर्जा की आवश्यकता होती है। इस अतिरिक्त ऊर्जा को केवल दूध और दूसरे पौष्टिक पदार्थों से ही पूरा किया जा सकता है। इसलिए इस अवस्था में महिलाओं को कम-से-कम 700 कैलोरी ऊर्जा मिलनी चाहिए।

प्रोटीन : विशेषज्ञों का कथन है कि गर्भवती महिलाओं को प्रतिदिन 10 ग्राम अधिक प्रोटीन ग्रहण करना चाहिए। प्रोटीन की यह मात्रा गर्भ में पल रहे शिशु की भी शारीरिक आवश्यकताओं को पूरा करती है। गर्भ के अंतिम दिनों में इसकी और अधिक मात्रा लेनी चाहिए। गर्भवती स्त्री के लिए प्रोटीन की इस आवश्यकता की पूर्ति दूध, पनीर, मांस, मछली, अंडे, दाल, हरी सब्जियां, पपीता, सेब, अमरूद आदि फलों से की जा सकती है। सूखे मेवे, अंकुरित दालें, मूंग, चना, अंगूर आदि भी दिए जा सकते हैं।

कैल्शियम : गर्भावस्था में स्त्री के आहार में कैल्शियम की मात्रा पर्याप्त होनी चाहिए। इस अतिरिक्त कैल्शियम से शिशु में अस्थियों का निर्माण और विकास होता है। यदि गर्भावस्था में प्रसूता कैल्शियम से वंचित रह जाती है, तो बच्चों में अस्थियों का पूर्ण विकास नहीं हो पाता। यदि बच्चों को पर्याप्त मात्रा में कैल्शियम मिलता है, तो बच्चों को दांत निकलने में परेशानी नहीं होती। विशेषज्ञों का मत है कि गर्भवती के आहार में कैल्शियम की पूर्ति के लिए उसे पर्याप्त मात्रा में अंडा, दूध, मछली, पनीर, सेब, फूल गोभी, गाजर, चुकन्दर, बादाम, हरी सब्जियां आदि देना चाहिए, जिससे वह अपने दैनिक आहार में कम-से-कम 500 मिलीग्राम कैल्शियम की मात्रा ले सके और उसमें तथा गर्भस्थ शिशु में कैल्शियम की कमी न रहे। गर्भ के समय कुछ महिलाएं मिट्टी, कोयला, तंदूर की पकी हुई मिट्टी खाती हैं, इसका भी कारण यही है कि उनमें कैल्शियम की कमी रहती है।

आयरन : शरीर में रक्त की पूर्ति आयरन तत्त्व से होती है। इसलिए इस अवस्था में लौह तत्वों की पूर्ति करने के लिए पालक, टमाटर, आंवला, सूखे मेवे आदि देने चाहिए। इस अवस्था में प्रायः महिलाओं में रक्त अल्पता की समस्या आ जाती है। गर्भ के अंतिम महीनों में तो आयरन की आवश्यकता और भी अधिक अनुभव की जाती है। रक्त की कमी के कारण न केवल महिलाओं को अनेक प्रकार का जोखिम उठाना पड़ता है, बल्कि नवजात शिशु पर भी इसका विपरीत प्रभात पड़ सकता है। अतः इस विषय में पहले से ही सावधानी बरतनी चाहिए।

विटामिन : शरीर के लिए विटामिनों को संजीवन तत्व कहा गया है। गर्भावस्था में सभी प्रकार के विटामिन की अतिरिक्त आवश्यकता होती है। विशेषकर विटामिन ए, बी, सी, ई गर्भवती महिलाओं के लिए आवश्यक होते हैं। ऐसा समझा जाता है कि गर्भवती महिलाओं को यदि पर्याप्त भोजन दिया जाए, तो इन विटामिनों की पूर्ति स्वतः ही हो जाती है।

समग्र रूप से समझ लेना चाहिए कि प्रसूता अथवा गर्भवती महिला को यदि संतुलित भोजन दिया जाता है, तो जहां उसकी शारीरिक आवश्यकताएं पूरी होती हैं, वहीं उसमें सामान्य विकृतियां जैसे मोटापा, शरीर में दर्द आदि नहीं होता। भोजन में हरी पत्तेदार सब्जियों की मात्रा अधिक होनी चाहिए। अनिद्रा तथा कब्ज़ से बचना चाहिए।

जहां तक हो, तले हुए, भारी, गरिष्ठ भोजन और मसालों से बचना चाहिए। भोजन में दूध, दलिया, दालों की मात्रा बढ़ा देनी चाहिए। समय-समय पर गर्भवती महिलाओं

को अपना चैकअप किसी अच्छे डॉक्टर से कराते रहना चाहिए। कैल्शियम और विटामिनों की कमी की पूर्ति के लिए गोलियां या कैपसूल डॉक्टर की सलाह से लेने चाहिए। इस प्रकार की सावधानियां, जहां आने वाले बच्चे के लिए शुभ मानी जाती हैं, वहीं आपका मातृत्व भी सुरक्षित रहेगा।

मां का दूध ही बच्चे के लिए अमृत

प्रथम सांस लेते ही बच्चे को अपने अस्तित्व की रक्षा के लिए आहार संबंधी ऊर्जा की आवश्यकता होती है। प्रकृति ने भी इसकी व्यवस्था मां के दूध के रूप में तुरन्त कर दी है। यूं तो मां के दूध के अतिरिक्त ऊपरी दूध भी बच्चे को दिया जा सकता है, लेकिन विशेषज्ञों का मत है कि नवजात शिशु को मां का दूध ही दिया जाना चाहिए। यही कारण है कि प्रचार माध्यमों द्वारा इस बात का प्रचार किया जाता है कि मां का दूध ही बच्चे का सर्वोत्तम आहार है।

प्रकृति ने ऐसी व्यवस्था की है कि बच्चे के जन्म के बाद ही मां के स्तनों में बच्चे के लिए दूध आ जाता है, जो बच्चे की आहार संबंधी आवश्यकताओं को पूरा करता है। इसलिए बच्चों को किसी भ्रम के कारण अथवा अंधविश्वास के कारण इस दूध से वंचित नहीं करना चाहिए। इस दूध में रोगों से लड़ने की क्षमता बच्चों में विकसित होती है।

मां का दूध शीघ्र ही पच जाता है। चूंकि यह दूध नवजात शिशु को प्रकृति का दिया हुआ उपहार है, इसलिए बच्चे के लिए यही सर्वोत्तम आहार है। प्रारम्भ में मां का दूध पतला और सरलता से पचने वाला होता है। इसमें वसा का प्रतिशत भी बहुत कम होता है, इसलिए बच्चा इसे शीघ्र ही पचा लेता है। इसके अतिरिक्त इस दूध में अन्य वे सभी पौष्टिक तत्व होते हैं, जो नवजात शिशुओं के लिए आवश्यक होते हैं।

बच्चे के जन्म के बाद ही मां के स्तनों में एक प्रकार का द्रव स्रवित होता है। इसे 'कोलोस्ट्रम' कहते हैं। इसमें प्रोटीन की मात्रा अन्य द्रव्यों से अधिक होती है। यही द्रव बाद में दूध का रूप ले लेता है। इसमें बच्चों के लिए भोजन के सभी पोषक तत्व पाए जाते हैं। मां के दूध में लैक्टोज़ और कार्बोहाइड्रेट्स की मात्रा भी पर्याप्त होती है, जिससे बच्चे के शारीरिक विकास की सभी आवश्यकताएं पूरी होती हैं।

मां के दूध में किसी प्रकार का संक्रमण (infection) नहीं होता। यदि बच्चे को बाहरी दूध दिया जाता है, तो इसमें अनेक प्रकार के बैक्टीरिया होने का खतरा बना रहता है, जो बच्चों को रोग ग्रस्त बना सकते हैं।

मां अपने बच्चे की आवश्यकता को समझती है, इसलिए वह बच्चे की इस आवश्यकता की पूर्ति तुरंत कर देती है। चूंकि बच्चे को एक बार पिलाया गया दूध शीघ्र ही हज़म हो जाता है, इसलिए उसे आहार की बार-बार आवश्यकता होती है। इसे गर्म करना अथवा सुरक्षित रखने जैसी कोई असुविधा भी मां को नहीं उठानी पड़ती।

मां के दूध से बच्चे को जितनी संतुष्टि मिलती है, वह अन्य किसी आहार से नहीं मिलती। मां भी बच्चे को दूध पिलाकर जितनी संतुष्टि अनुभव करती है, वह उसकी एक मनोवैज्ञानिक आवश्यकता है। इससे उसे आनन्द की भी अनुभूति होती है। स्तनपान से बच्चे का भावनात्मक विकास भी अच्छा होता है। कुछ मनोवैज्ञानिक इसका संबंध सेक्स संतुष्टि से भी मानते हैं।

कुछ विशेष परिस्थितियों में, जैसे मां का अस्वस्थ होना, स्तन पर कोई घाव होने अथवा अन्य किसी ऐसी ही असामान्य परिस्थितियों में बच्चों को मां का दूध नहीं पिलाना चाहिए। इस संबंध में यदि आपकी अपनी कोई समस्या हो, तो उसके समाधान के लिए महिला चिकित्सक से सलाह लेना ही बुद्धिमत्ता है।

मां के दूध के अभाव में बच्चे को यदि उसकी आयु चार माह से अधिक है तो डिब्बे का दूध अथवा अन्य किसी प्रकार का पूरक आहार, जैसे फलों का रस, दाल का पानी, उबली हुई सब्ज़ियां, मसलकर बनाए हुए आलू, लौकी, दलिया आदि दिए जा सकते हैं।

आजकल बाजार में बच्चों के आहार संबंधी नए-नए भोज्य पदार्थ डिब्बा बंद पैक में मिलते हैं। अपने विवेक से इनका उपयोग बच्चों के हित में किया जा सकता है। जैसे-जैसे बच्चे की आयु बढ़ती है, उसे नए-नए पदार्थ खाने को दें, जिससे उसका पूर्ण संतुलित, शारीरिक और मानसिक विकास हो सके। इस बात का ध्यान रखें कि बच्चे को प्रारम्भ में केवल तरल पदार्थ ही खाने को दें। ठोस आहार तभी खाने को दें, जब उसमें चबाने की क्षमता आ जाए, अर्थात् उसके दांत आ जाएं।

बच्चों में होने वाले सामान्य रोग

प्रसव के बाद नवजात शिशु को बाहरी वातावरण से समन्वय कर उसके अनुकूल बनना पड़ता है। उसे जहां बाहरी मौसम के अनुकूल बनना पड़ता है, वहीं उसे अपनी शारीरिक और मानसिक आवश्यकताओं की भी पूर्ति करनी पड़ती है। इस क्रिया में पड़ने वाले अवरोध अथवा व्यवधान ही रोग के रूप में प्रदर्शित होते हैं। बच्चे को मां का पर्याप्त दूध न मिलना, अत्यधिक सर्दी अथवा गर्मी का होना, दूध अथवा पानी का प्रदूषित होना, मां का भोजन असंतुलित अथवा दूषित होना, कब्ज़, अतिसार, दांत निकलना आदि ऐसी अनेक व्याधियां हैं, जो बच्चे को घेर लेती हैं। यहां कुछ ऐसे सामान्य रोग और उनसे संबंधित उपयोगी घरेलू नुसख़े दिए जा रहे हैं, जिनका उपयोग गृहिणी अपने विवेक और आवश्यकता अनुसार कर बच्चों को स्वस्थ बना सकती है :

बुखार : छोटे बच्चों को बुखार आने पर नीम की सूखी पत्तियों और घी की धूनी दें। जल्दी ही बच्चों का बुखार उतरने लगेगा।

पसली चलना : बच्चों की पसली चलने पर जल में हींग मिलाकर मलने से, चम्मच भर पिलाने से शीघ्र लाभ मिलता है। सफ़ेद तेल (तारपीन का तेल) पसलियों पर मलने से बच्चे को आराम मिलता है।

सूखा रोग : गूलर का दूध 5-6 बूंद दूध में डालकर पिलाने से इस रोग में आराम मिलता है। बच्चों को गाय और बकरी का दूध भी इस रोग में लाभ देता है।

चेचक से बचाव : बच्चों को चेचक से बचाव के लिए प्रसूता को नारियल की गरी खानी चाहिए। इससे स्तन पान करने वाले बच्चे को चेचक होने का खतरा नहीं रहता।

गैस, बदहज़मी : बच्चे को दूध पिलाकर उसकी कमर थपथपाएं।

सौंफ को पानी में उबालकर ठंडा करके छानकर बच्चों को दो-दो चम्मच दो-दो घंटे के अंतराल पर पिलाएं, लाभ अवश्य मिलेगा।

दांत निकलने की तकलीफों के लिए : ऐसे बच्चों को सुबह-शाम अंगूर का रस पिलाना चाहिए। आंवले का रस शहद के साथ चटाएं, लाभ अवश्य मिलेगा। दातों पर शहद और सुहागा मलें।

कब्ज़ : अंगूर का रस पिलाना चाहिए। चौलाई का साग अथवा रस पिलाने से बच्चे कब्ज़ से मुक्त होते हैं। विशेष परेशानी की स्थिति में बत्ती का उपयोग करना चाहिए। यह बाज़ार में सभी कैमिस्टों के पास सरलता से मिल सकती है।

चुनूने (सफेद कीड़े) : बच्चे जब मीठा अधिक खाने लगते हैं, तो पेट में सफ़ेद-सफ़ेद कीड़े हो जाते हैं। टमाटर का रस हींग में बघार कर बच्चों को पिलाया जाए, तो बच्चों के पेट के कीड़े समाप्त हो जाते हैं। यदि बच्चा बहुत छोटा हो, तो सरसों और मिट्टी के तेल का फोहा मल द्वार पर रखें।

दूध उलटना : तुलसी के पत्तों का रस चटाने अथवा पिलाने से बच्चे दूध उलटना बंद कर देते हैं। जब बच्चा दूध उलटता हो, तो उसे बहुत थोड़ी-थोड़ी मात्रा में ही दूध पिलाएं।

मिट्टी खाना : आम की गुठली का चूर्ण जल के साथ पिलाने से बच्चे मिट्टी खाना छोड़ देते हैं।

पाचन शक्ति : कच्चा अमरूद जल में पीसकर पिलाने से बच्चों की पाचन शक्ति बढ़ जाती है।

गले की खराबी : हलदी का चूर्ण शहद के साथ चटाने से बच्चों के गले की सामान्य तकलीफें दूर होती हैं।

बिस्तर पर पेशाब करना : तिल और गुड़ के लड्डू बनाकर बच्चे को खिलाएं, रात में स्वयं एक दो बार उठकर बच्चे को मूत्र त्यागने की आदत डालें, बिस्तर पर पेशाब करने की आदत छूट जाएगी।

सर्दी-जुकाम : अजवायन, लहसुन को सरसों के तेल में पकाकर बच्चों के शरीर, सीने और पीठ पर मालिश करने से वे सर्दी-जुकाम से बचे रहते हैं।

पेट दर्द : पेट दर्द में बच्चा थोड़ी-थोड़ी देर बाद रोता रहता है, ऐंठता, कराहता है। इसके लिए आधा चम्मच गुनगुने पानी में हींग घोलकर उसकी नाभि पर मालिश करें। लाभ अवश्य मिलेगा। सूखे हुए पुदीने, पुदीन हरा का उपयोग करें।

अतिसार या दस्त : यह बच्चों में सबसे अधिक पाया जाने वाला रोग है। इस रोग का आक्रमण किसी भी अवस्था में हो सकता है। अतिसार में दस्त पतले होते हैं। पेट दर्द और खिंचाव होता है। दो चार दस्त होने के बाद ही बीमार की स्थिति बहुत कमज़ोर हो जाती है। शरीर में पानी की मात्रा

कम हो जाती है। लवणों की कमी के कारण आंखें अंदर धंस जाती हैं। पेशाब कम आता है, या बंद भी हो जाता है।

उपचार : बच्चे के शरीर में पानी की कमी न होने दें। उसे लगातार चम्मच से उबला हुआ पानी ठंडा कर पिलाते रहें। खुले में शौचादि के लिए न बैठाएं। जीवन रक्षक घोल का सेवन प्रारम्भ कर दें। यह बाज़ार में भी आसानी से मिल जाता है। यदि बाजार से लाना संभव न हो, तो घर में बना लें। इसे निम्न प्रकार से बना सकती हैं–

सोडियम क्लोराइड	3.5 ग्राम
सोडियम बाइकार्बोनेट	2.5 ग्राम
पोटाशियम क्लोराइड	1.5 ग्राम
चीनी या गुड़	20 ग्राम
जल	एक लीटर

यदि आपकी समझ में कुछ भी न आता हो, तो साफ़ पानी में चुटकी भर नमक और थोड़ी-सी शकर मिलाकर भी बच्चे को पिलाने से आराम मिलेगा, यह घोल भी जीवन रक्षक घोल जैसा ही काम करेगा।

इन उपायों के होते हुए भी चिकित्सक की सलाह लें और उपचार अवश्य कराएं।

खांसी : बच्चों को होने वाला सामान्य रोग खांसी है। तुलसी की पत्तियों का रस आधा चम्मच, अदरक का रस आधा चम्मच, शहद के साथ चटाएं। छाती पर सरसों के तेल में कपूर मिलाकर गर्म करके मालिश करें। सर्दी से बचाव रखें। खांसी, काली खांसी आदि से बचाव के लिए बच्चों को ट्रिपल वैक्सीन का टीका अवश्य लगवाएं। यह वैक्सीन बच्चों को काली खांसी, टिटनेस और डिप्थीरिया जैसे भयानक रोगों से मुक्त रखती है, साथ ही पोलियो का टीका भी लगवाएं।

कुछ गंभीर रोग

बच्चों से संबंधित कुछ गंभीर रोग हैं। इनमें से प्रमुख हैं : चेचक, खसरा, हैज़ा, डिप्थीरिया, टिटनैस, काली खांसी, पीलिया, टायफायड, पोलियो, मधुमेह आदि।

ये ऐसे गंभीर रोग हैं, जिनके संबंध में किसी भी प्रकार की लापरवाही बच्चे के लिए जानलेवा हो सकती है। अतः गृहिणी को चाहिए कि वह इन रोगों से संबंधित प्रतिरोधक टीके समय पर अवश्य लगवा दें। इन रोगों के संबंध में समय-समय पर डॉक्टर की सलाह लेती रहें। इन रोगों की घरेलू चिकित्सा अधिक दिनों तक न करें और न ही रोग को भयानक रूप से फैलने के अवसर दें। घर में ऐसे किसी भी गंभीर रोग का कोई रोगी हो, तो तुरन्त डॉक्टर से संपर्क कर उसके निर्देशानुसार दवा दें।

- रोग को बढ़ने न दें, इस विषय में बताई गई सावधानियां बरतें।
- प्रतिरोधक टीके लगवाएं।
- रोगों से संबंधित हानि-लाभ की जानकारी प्राप्त करें और रोगी के भोजन में इन वस्तुओं का समावेश करें। जैसे अल्सर के रोगी को ठंडा दूध थोड़ी-थोड़ी मात्रा में दिन में कई बार देना उसे औषधि से भी अधिक लाभ पहुंचाता है। डॉक्टर से रोगी से संबंधित आहार तालिका बनवा लेनी चाहिए और आवश्यक सावधानी बरतनी चाहिए।
- रोग और न फैले, उसके बचाव के प्रयास करने चाहिए।
- डॉक्टर से निरन्तर संपर्क बनाए रखना चाहिए और उसके निर्देशों का पालन करना चाहिए। इस संबंध में हमेशा ध्यान रखेंकि Prevention is better than cure.

मरीज की देखभाल

- रोगी के कमरे को साफ़-सुथरा रखें। वहां बच्चों को न जाने दें, न खेलने दें, न शोर मचाने दें।
- मरीज़ का कमरा खुला, हवादार और पर्याप्त रोशनी वाला होना चाहिए।
- रोगी के कमरे में टी.वी., रेडियो आदि न रखें।
- रोगी के कमरे में दो-तीन अतिरिक्त कुर्सियां अवश्य रखें, ताकि उनकी कुशलता पूछने आने वाले बैठ सकें।
- जब रोगी सो रहा हो, तो कमरे का दरवाज़ा बंद कर दें, ऐसे में किसी को भी मिलने न दें।
- रोगी को बहुत देर तक अकेला न रहने दें, आप अपना ज़्यादा-से-ज़्यादा समय रोगी के पास बैठकर बिताएं।
- रोगी को उसकी आवश्यकता, रुचि और डॉक्टर की सलाह के अनुसार थोड़ा-थोड़ा दूध, फल, दलिया, खिचड़ी आदि देते रहें।

- रोगी के सामने परिवार की किसी बड़ी गंभीर समस्या, दुर्घटना, हादसे आदि की बातें न करें।
- रोगी के सामने परिवार के सदस्यों की सफलताओं, उपलब्धियों की बातें अवश्य करें। उसे यह भी बताएं कि अमुक व्यक्ति मिला था, उसके बारे में पूछ रहा था, अमुक का पत्र आया है, यह लिखा है...।
- काम पर जाने से पूर्व और काम से आने के बाद रोगी के पास कुछ देर तक अवश्य बैठें, उसके साथ उसकी रुचि की बातें करें। उसकी आवश्यकताएं जानें और उन्हें पूरा करें।
- रोगी का बिस्तर, चादर, कपड़े आदि नित्य बदलें। यदि प्रतिदिन नहाना संभव न हो, तो कम-से-कम गीले कपड़े से उसका बदन पोंछें, फिर अधोवस्त्र सहित उसके कपड़े बदलें जिससे रोगी अपने आपको स्वस्थ अनुभव करे।
- जब भी घर में मरीज़ के पास डॉक्टर आए, तो परिवार का वह सदस्य वहां अवश्य होना चाहिए, जो रोगी की तीमारदारी कर रहा हो। अच्छा हो यह कर्त्तव्य गृहिणी ही निभाए।
- रोगी यदि किसी विशेष व्यक्ति, अपने मित्र, पुत्र-पुत्री, बहन अथवा अन्य किसी सह कुटुम्बी से मिलने की इच्छा प्रकट करे, तो आप पत्र लिखकर अथवा संदेश भेज कर यह व्यवस्था अवश्य करें कि उसकी यह इच्छा पूरी हो जाए।
- रोगी को उसके रोग के प्रति प्रत्यक्ष अथवा अप्रत्यक्ष रूप से सांत्वना अवश्य देनी चाहिए। अमुक इतने दिन में ठीक हो गया। अमुक को इतना लाभ है आदि।
- दवा समय पर दें।
- मरीज की सुधरती-बिगड़ती हुई स्थिति का आकलन स्वयं करें और उसे डॉक्टर को बताएं।

आशय यह है कि उपचार से कहीं ज़्यादा आवश्यकता इस बात की होती है कि मरीज़ की देखभाल सही हो। मरीज़ अपने आपको भार स्वरुप अनुभव न करे। उसे यह अनुभव नहीं होना चाहिए कि मेरी उपेक्षा की जा रही है।

जीवन के प्रति इस प्रकार की आशा, परिवार के प्रति लगाव और स्नेह न केवल उसे स्वस्थ बनाएगा, बल्कि वह मन से स्वस्थ होकर परिवार से जुड़ सकेगा।

अध्याय 12

वयस्कों के रोग और घरेलू इलाज

हमारे सामाजिक और पारिवारिक जीवन में बच्चों और बड़ों से संबंधित छोटी-मोटी तकलीफ़ों के कुछ घरेलू उपचार प्रचलित हैं। ये उपचार दादी मां के नुसख़े के नाम से बहुत प्रचलित हैं। ग्रामीण क्षेत्रों में जहां आज भी चिकित्सा सुविधाएं पर्याप्त मात्रा में सुलभ नहीं हैं, वहां इन्हीं घरेलू उपचार से लोग लाभ उठाते हैं। ये नुसख़े या उपचार जहां रोग की जड़ तक पहुंच कर शरीर को स्वस्थ करते हैं, वहीं इनके दुष्प्रभाव (साइड इफ़ेक्ट) भी नहीं होते। इन नुसख़ों अथवा उपचार को प्राथमिक चिकित्सा के रूप में उपयोग करें। प्राथमिक चिकित्सा केवल डॉक्टर के आने से पूर्व की चिकित्सा या उपचार है। एक-दो दिन में लाभ न होने पर चिकित्सक से परामर्श लेना ही बुद्धिमत्ता है।

गृहिणी परिवार का केंद्र बिंदु होती है। परिवार के सदस्यों के स्वास्थ्य को बनाए रखने के लिए गृहिणी को कुछ व्यावहारिक सोच अपनानी चाहिए। इस विषय में उसे चाहिए कि वह घर की सफ़ाई, संतुलित और पौष्टिक आहार के द्वारा परिवार के सदस्यों को रोगों से मुक्त रखने की चेष्टा करे। इसके लिए निम्न सुझावों पर अवश्य अमल करें—

- परिवार में बच्चों और बड़ों को प्रातः जल्दी उठने और रात को जल्दी सोने के लिए प्रोत्साहित करें।
- नित्य कर्म से निवृत्त होने के बाद परिवार के प्रत्येक सदस्य को हलका व्यायाम करने-कराने की आदत डालें। सुबह का घूमना स्वास्थ्य के लिए उत्तम है। इसे आदत के रूप में विकसित करें।
- ठंडे पानी से स्नान करने की आदत डालें। ठंडा पानी यदि किसी सदस्य के लिए अनुकूल न हो, तो हलका गर्म पानी अथवा हैंड-पम्प का ताज़ा पानी स्नान के लिए सर्वोत्तम होता है।
- अधिक मात्रा में चाय, कॉफ़ी, धूम्रपान, तम्बाकू, गुटखा, शराब अथवा अन्य ऐसी ही वस्तुओं का प्रयोग स्वास्थ्य के लिए हानिकारक है। बच्चों को इन वस्तुओं से दूर रखें। यदि परिवार का कोई सदस्य इन वस्तुओं का सेवन करता है, तो कम-से-कम बच्चों के सामने ऐसी वस्तुएं न लाएं, न ही सेवन करें।
- परिवार के सदस्यों का भोजन सादा, शाकाहारी, संतुलित हो। इसमें हरी सब्जियां, फल, दूध, दही, मट्ठा आदि अवश्य हो।
- अवस्था के अनुसार दोपहर में सभी सदस्यों को कुछ देर विश्राम का अवसर अवश्य मिलना चाहिए। आप स्वयं भी रसोई आदि के बाद कुछ देर के लिए विश्राम अवश्य करें। वह चाहे 'झपकी लगाना' ही क्यों न हो। दोपहर में बहुत देर तक सोते रहना स्वास्थ्य के लिए हानिकारक बन सकता है, इसलिए इससे बचें। मोटापे का एक कारण दोपहर का सोना है। इसलिए दोपहर में बड़ी देर तक न सोएं। यह बताने-समझाने की आवयकता नहीं कि मोटापा अनेक बीमारियों का मित्र है।
- रात्रि का भोजन सोने से कम-से-कम दो घंटे पहले करें। रात देर तक जागरण करना, भोजन करके तुरन्त लेट

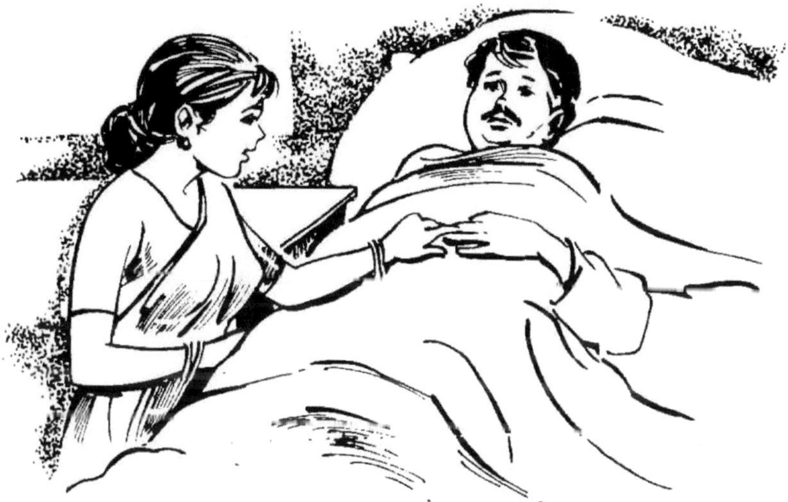

जाना, देर तक टी.वी. देखते रहना, स्वास्थ्य के लिए अनुचित है। अतः जहां तक हो, इन बातों से स्वयं बचें, परिवार के सदस्यों को बचाकर रखें। रात्रि भोजन के बाद भी अवश्य टहलें।

आम रोग और उनकी घरेलू चिकित्सा

कुकर खांसी : यह बच्चों में पाया जाने वाला सामान्य रोग है। कुकर खांसी में बच्चा खांसते-खांसते बेहाल हो जाता है। खांसते-खांसते आंखों में आंसू आ जाते हैं। बच्चे को तब तक आराम नहीं मिलता, जब तक कि उसे उलटी न हो जाए। इसकी घरेलू चिकित्सा निम्नलिखित है–

- लहसुन की दो-तीन कली महीन पीसकर शहद या चीनी के साथ चटाने से कुछ दिनों में कुकर खांसी में आराम मिलने लगता है।
- सोमलता 25 ग्राम, मोटी गांठ वाली मुलेठी 25 ग्राम। दोनों को पीस लें, छानकर शीशी में रख लें। इस चूर्ण को बच्चों की अवस्था के अनुसार एक दो ग्राम तक शहद में देने से लाभ मिलता है।
- काला बांसा 50 ग्राम पंसारी के यहां से मिल सकता है, ले आएं। इसकी राख को जलाकर एक चम्मच शहद में मिलाकर दिन में तीन से चार बार तक चटाएं, लाभ अवश्य मिलेगा।

खांसी : काली मिर्च 3 ग्राम, सोंठ 3 ग्राम पीसकर शहद के साथ दिन में तीन बार लेने से छोटे-बड़े सभी को लाभ मिलता है।

- सुहागे का एक छोटा-सा टुकड़ा मुंह में डालने से खांसी में आराम मिलता है।
- 2 ग्राम हलदी में थोड़ा-सा सेंधानमक मुंह में डालकर गर्म पानी पीने से खांसी में आराम मिलता है।
- हलदी में गुड़ मिलाकर उसकी बेर के बाराबर की गोलियां बना लें, इस गोली को बिना पानी के निगलने से खांसी में आराम मिलता है।
- पान के रस में शहद मिलाकर चाटने से खांसी में आराम मिलता है।
- मुलेठी के टुकड़े को धो-पोंछकर मुंह में रखकर उसका रस चूसें। गला साफ़ व तर हो जाएगा और खांसी में आराम मिलेगा।
- काकड़ासींगी, पीपलामूल, सेंधानमक, गोंद, बबूल और लौंग सम भाग लेकर चने की दाल के बराबर गोलियां बनाकर चूसने को दें।

पेट का दर्द : अजवायन को किसी कांच के बरतन में डालकर उसमें नीबू का रस इतना भर दें कि अजवायन डूब जाए। जब नीबू का रस सूख जाए, तो फिर भर दें, इस प्रकार तीन बार नीबू का रस सुखाएं। फिर अजवायन को छांव में सुखा लें। इसमें पांच हिस्सा नमक डालकर चूर्ण बना लें। जब भी आवश्यकता हो, भोजन के बाद एक-एक ग्राम की मात्रा पानी के साथ लेने से पेट दर्द, अफ़ारा, गैस, अरुचि, कब्ज़ आदि पेट के रोगों में आराम मिलता है। परिवार के सभी सदस्यों के लिए यह उत्तम घरेलू उपचार है।

जुकाम : अलसी के बीजों को कड़ाही में भून लें, इसके चूर्ण में बराबर चीनी डालकर 3 ग्राम की मात्रा में पानी के साथ लेने से जुकाम में आराम मिलता है। जुकाम के साथ यदि खांसी हो, तो भी यह उपचार सर्वोत्तम है।

- उबलते पानी में तुलसी पत्र डालकर इसमें अदरक डालकर चाय बना लें, इसमें काली मिर्च डालकर पिएं, जुकाम, सर्दी, थकावट, शरीर दर्द में आराम मिलेगा।

ज्वर : तुलसी पत्र 100 ग्राम, काली मिर्च 25 ग्राम, फिटकिरी 25 ग्राम। सबको मिलाकर मटर के दाने के बराबर की गोलियां बना लें। 1 से 2 गोली सुबह-शाम गर्म जल के साथ लेने से हर प्रकार का बुखार, खांसी, मलेरिया में आराम मिलता है।

कब्ज़ : कब्ज़ रहने से पेट की कई बीमारियां पनपने लगती हैं, इसलिए पेट का साफ़ रहना अति आवश्यक है। कब्ज़ के लिए निम्न उपाय सरलता से किए जा सकते हैं :

- सप्ताह में कम-से-कम दो दिन त्रिफला चूर्ण हलके गर्म पानी के साथ 5 से 8 ग्राम तक रात को सोते समय लें।
- सप्ताह में तीन दिन 3 से 5 ग्राम तक कायम चूर्ण ले सकते हैं।
- दूध में मुनक्का उबालकर पीने से सुबह पेट साफ़ हो जाता है।
- दूध अथवा पानी के साथ रात को सोते समय ईसबगोल की भूसी लेने से कब्ज़ की शिकायत नहीं रहती। कब्ज़ के लिए रात को सोते समय गर्म दूध का सेवन करना चाहिए।

दस्त : दस ग्राम सौंफ़ को तवे पर डालकर हलका भून लें। अब इसी दस ग्राम में बिना भुनी सौंफ़ डालकर कूटकर चूर्ण बना लें। इसमें बराबर मात्रा में चीनी मिलाकर एक शीशी में रख लें। 3-3 ग्राम की मात्रा में दिन में 2-3 बार मट्ठे के साथ लें। यह दस्त की सर्वोत्तम औषधि है।

- एक कप चाय में उतना ही पानी डालकर पिएं, एक-दो बार में ही जादू जैसा असर होगा, दस्त बंद हो जाएंगे।
- एक चम्मच अदरक का रस, सोंठ के चूर्ण में मिलाकर पिलाने से बच्चों के पतले दस्त बंद होते हैं।

पेट फूलना : 2 ग्राम काली मिर्च आधा गिलास गर्म पानी में डालें और एक नीबू निचोड़ कर सुबह व शाम पिएं, पेट की गैस और पेट फूलना बंद हो जाता है।

- अजवायन में नीबू का रस तथा अदरक के छोटे-छोटे टुकड़े करके डाल दें, इसे खाने के साथ दें, इससे पेट में गैस नहीं बनेगी, भोजन के प्रति रुचि जागृत होगी।
- गर्म पानी में नीबू डालकर पीने से गैस नहीं बनती।
- हरड़ को तवे पर सेंक लें, इसे सुपारी की तरह खाने से पेट में गैस नहीं बनती। भोजन के प्रति रुचि पैदा होने लगती है।

दांत का दर्द : दांत के दर्द पर लौंग के तेल का फाहा रखने से दांत का दर्द जाता रहता है।

मुंह के छाले : पानी अधिक पिएं, चाय-कॉफ़ी बंद कर दें।

- चमेली के पत्तों को चबाने से एवं उसका रस छालों पर लगाने से छाले ठीक हो जाते हैं।
- छोटी इलायची का चूर्ण मक्खन में मिलाकर लगाने से मुंह के छाले ठीक हो जाते हैं।
- फिटकिरी के पानी से कुल्ले करने से मुंह के छाले ठीक हो जाते हैं।

मधुमेह : करेले के बीज, जामुन की गुठली, नीम की पत्ती, तुलसी की पत्ती, गुड़मार के पत्ते और मेथी सबका चूर्ण के रूप में निरन्तर सुबह-शाम सेवन करें। मधुमेह की तकलीफ़ें हावी नहीं होने पाएंगी।

- गिलोय के तने का रस सप्ताह में दो बार लगातार लेने से मधुमेह में काफ़ी आराम मिलता है।
- जामुन की गुठली का चूर्ण दिन में 5-6 ग्राम तक लेने से मधुमेह में आराम मिलता है।

मसूढ़ों से ख़ून आना : बबूल की छाल का काढ़ा बनाकर कुल्ली करें।

- मसूढ़ों पर फिटकिरी के चूर्ण को सरसों के तेल में मिलाकर हलके हाथों से निरंतर मलें।
- नीम की पत्तियों में लौंग, पिपरमेन्ट, नमक मिलाकर मंजन बना लें, इससे पायरिया, दांतों की तकलीफें, मसूढ़ों का सूजना बंद होगा।
- चार पत्ती पुदीने की चबाएं, मसूढ़ों से खून आना बंद हो जाएगा।

आंखों की सुरक्षा : आंख आ गई हो, तो सुबह व शाम गुलाबजल डालने से आराम मिलता है।

- लौकी या खीरे का टुकड़ा रखकर आंखों को ठंडक पहुंचाएं।
- दूध की मलाई को रुई पर रखकर आंखों पर बांधें।

पेशाब की रुकावट : मुनक्के को बासी पानी में चटनी की तरह पीस लें। जल में शरबत की तरह पिएं तथा पिलाएं, पेशाब की रुकावट में आराम मिलेगा।

- कबाबचीनी को मिसरी के साथ लेने से पेशाब की रुकावट दूर होती है।
- 2 ग्राम ज़ीरा, 2 ग्राम मिसरी दिन में 3 बार पानी के साथ लेने से पेशाब खुलकर आता है।
- जीरा, धनिया, मिसरी कूटकर चूर्ण बना लें, इस चूर्ण को पानी के साथ दिन में 2-3 बार लेने से पेशाब की रुकावट कम होती है।

बहुमूत्र की शिकायत : तिल और गुड़ के लड्डू बना लें, इसे सुबह-शाम लेने से बहुमूत्र की शिकायत में आराम मिलता है।

- भुने हुए चने खाने से बहुमूत्र में आराम मिलता है।
- आधा-आधा चम्मच अजवायन दिन में 3-4 बार लेने से बहुमूत्र में आराम मिलता है।

अनिद्रा : भुनी हुई हींग का महीन चूर्ण बनाकर शहद के साथ लेने से अच्छी नींद आती है।

- पीपलामूल का चूर्ण गुड़ के साथ लेने से अनिद्रा रोग दूर होता है।
- सेब का मुरब्बा शाम के समय खाने से अच्छी नींद आती है।
- बैंगन के भुर्ते में शहद मिलाकर खाने से नींद अच्छी आती है।
- सरसों के तेल की पैर के तलवों पर मालिश करने से नींद अच्छी आती है।

सिर दर्द : बादाम की मींग को सरसों के तेल में घिस कर लगाने से सर्दी के कारण हो रहे सिर दर्द में आराम मिलता है।

- सिर और माथे पर बादाम रोग़न की मालिश करने से आराम मिलता है।
- घी में सेंधा नमक मिलाकर सूंघने से आधासीसी (आधे सिर में दर्द) में आराम मिलता है।
- गर्म दूध में जलेबी खाने से आधा सिर के दर्द में आराम मिलता है। सुबह सूर्योदय से पहले ही यह प्रयोग करके देखना चाहिए।

घुटनों का दर्द : प्रातःकाल अखरोट की मिगी खाने से घुटनों के दर्द में आराम मिलता है। घुटनों की सूजन पर एरंड के पत्ते बांधकर प्रतिदिन सरसों के तेल की मालिश करने से घुटनों की सूजन व दर्द कम हो जाता है।

तलवों की जलन : हाथ-पैरों के तलवों की जलन में लौकी के गूदे को मलने से आराम मिलता है।

- मेंहदी लगाने से तलवे की जलन शांत होती है।
- घी की मालिश कटोरी से करने पर आराम मिलता है।

लू लगना : प्याज़ के रस की मालिश करें। नीबू का पानी पिएं।

- कच्चे आम का शरबत (पन्ना) बनाकर पिएं।
- कच्चे आम के गूदे को हाथ-पैरों पर मलें।

पेशाब में जलन : एक गिलास दूध में दो गिलास पानी डालकर उसमें छोटी इलायची को छिलकों सहित उबाल लें। इस दूध को दिन में तीन-चार बार ठंडा करके पिएं, अवश्य आराम मिलेगा।

नकसीर (नाक में खून आना) : पीली मिट्टी को पानी में भिगोकर सूंघने से नकसीर बंद हो जाती है।

- मिट्टी के बरतन में रात को दही जमा दें, सुबह एक कटोरी दही में चीनी डालकर चम्मच से मथ कर बच्चों को खिलाएं। नकसीर में अवश्य आराम मिलेगा।
- जब नकसीर आ रही हो, तो सिर पर ठंडा पानी डालें। सिर के नीचे कुछ न रखें। नकसीर बंद हो जाएगी।

सिर में जूंए : प्याज़ के रस को बालों में 3-4 घंटे लगा रहने दें। फिर धो दें। तीन दिन यह इलाज करने पर जूंएं हमेशा के लिए खत्म हो जाएंगी

- सीताफल के बीजों को पीसकर इसे रात में अच्छी तरह से बालों में लगाएं, कपड़ा बांधकर सो जाएं। जूंएं और लीखें एक दो दिन में समाप्त हो जाएंगी।
- कपूर को तेल में मिलाकर बालों में लगाने से भी जूंएं मर जाती हैं।
- सेब के रस में पानी मिलाकर अंगुलियों से सिर में मालिश करने में जूओं और लीखों का काम तमाम हो जाता है।

फोड़े-फुंसी : अरबी के पत्तों को जलाकर लगाने से फोड़े ठीक हो जाते हैं।

- गाजर को उबालकर उसकी पुल्टिस बांधने से ज़ख्म ठीक हो जाते हैं।
- नीम की कोमल पत्तियों को पीसकर दो-तीन बार बांधने अथवा लगाने से फोड़े-फुंसियां ठीक हो जाते हैं।

स्त्री-रोग और उनकी घरेलू चिकित्सा

मासिक धर्म में कष्ट : केसर और अकरकरे की गोली बनाकर खाने से मासिक धर्म की अनियमितता में लाभ होता है।

- बकायन के रस में अकरकरे का रस मिलाकर पीने से मासिक धर्म शुद्ध होकर नियमित हो जाता है।
- कच्चे प्याज का उपयोग करने से मासिक धर्म की परेशानियां कम हो जाती हैं। रुका हुआ मासिक धर्म जारी हो जाता है।
- विदारीकन्द के चूर्ण को घी, शकर के साथ चाटने से रज का अधिक जाना बंद हो जाता है।
- सुहागा का प्रयोग मासिक धर्म की रुकावट को खत्म करता है।

प्रदर (ल्यूकोरिया) : स्त्रियों के सौंदर्य और स्वास्थ्य का सबसे बड़ा शत्रु प्रदर रोग है। इसका घरेलू उपचार करके देखें, लाभ अवश्य मिलेगा।

- अजवायन का चूर्ण तीन-तीन ग्राम की मात्रा में दिन में दो बार गर्म दूध के साथ लेने से प्रदर में लाभ मिलता है।
- अशोकारिष्ट का सेवन इस रोग में लाभदायक होता है।
- आम की गुठली का चूर्ण 3-3 ग्राम, दिन में 3-4 बार लें।
- कपास की जड़ को चावल के पानी के साथ लेने से लाभ मिलता है।
- गिलोय का काढ़ा पीने से इस रोग में लाभ मिलता है। इसे शतावरी के साथ पीने से भी इस रोग में लाभ मिलता है।
- गूलर की छाल का काढ़ा पीने से प्रदर रोग में आराम मिलता है।
- नागकेसर के चूर्ण को मट्ठे के साथ पीने से लाभ मिलता है।
- पुनर्नवा को जल के साथ लेने से प्रदर रोग मिटता है।
- बबूल की छाल का काढ़ा पीने और इसमें फिटकिरी डालकर योनांगों को धोने से श्वेत प्रदर में लाभ होता है।
- दो पके केले खाकर ऊपर से दूध में शहद मिलाकर पीने से श्वेत प्रदर में आराम मिलता है।
- सिंघाड़े के आटे का हलवा खाने से श्वेत प्रदर में आराम मिलता है।

- फिटकिरी को तवे पर गर्म कर फूला बन जाने पर पीस लें। इसे प्रतिदिन आधी छोटी चम्मच पानी से तीन बार लेने तथा इसे पानी में डालकर प्रक्षालन करने से श्वेत प्रदर ठीक हो जाता है।
- फालसा का शरबत पीने से श्वेत प्रदर में लाभ होता है।

अवसाद (डिप्रेशन) : महिलाओं में पाया जाने वाला यह मानसिक रोग है। जीवन के प्रति निराशाजन्य सोच ही इसका कारण है।

चूंकि यह एक मानसिक रोग है, इसलिए इसकी चिकित्सा के लिए किसी दवा की आवश्यकता नहीं। डॉक्टर से उचित परामर्श कर जीवन के प्रति अपनी नई उत्साही सोच बनाएं। दूसरों में विश्वास व्यक्त करें और अपनी सोच को परोपकारी बनाएं। काम में व्यस्त रहें। शारीरिक कमजोरी के लिए विटामिन-बी, बी-12 आदि चिकित्सक के परामर्श से लें।

इसके अलावा भी महिलाओं में सिर दर्द, कमर दर्द, बवासीर, मधुमेह, खून की कमी आदि रोग पाए जाते हैं। गर्भवती महिलाओं में बार-बार उलटी होना, जी मिचलाना, बार-बार मूत्र त्याग की इच्छा होना, कब्ज़ होना आदि सामान्य रोग हैं।

गर्भवती महिलाओं में प्रायः खून की कमी हो जाती है। इस कमी को पूरा करने के लिए उन्हें चाहिए हरी पत्तेदार सब्जियां, सूखे मेवे, फल, सेव, आंवला, पपीता जैसे आहार लें। लौह तत्व वाली औषधियों का सेवन करें।

परिवार को निरोग बनाए रखने के लिए जहां गृहिणी को सभी सदस्यों के स्वास्थ्य के बारे में सोचना चाहिए, वहीं अपने बारे में भी सावधानी बरतनी चाहिए।

अध्याय 13

गृह-प्रबंध और मितव्ययिता का बजट

जहां कहीं भी दो चार महिलाएं मिल बैठती हैं, वहां उनकी बातचीत के विषय बढ़ती हुई महंगाई, खर्चों की पूर्ति न हो पाना, अपव्यय, आत्महीनताओं का रोना आदि होते हैं, जबकि एक कुशल गृहिणी के लिए इन बातों का कोई महत्त्व नहीं, क्योंकि आप अपनी मितव्ययी सोच से इन समस्याओं का सामना स्वयं ही कर सकती हैं। वह भी बिना किसी विशेष कठिनाई के...।

गृह-प्रबंध का सीधा संबंध 'अर्थ' से होता है और प्रत्येक व्यक्ति की आर्थिक सीमाएं निश्चित होती हैं। सीमाओं के बाहर किया गया व्यय जहां आपको जग-हंसाई का पात्र बनाता है, वहीं आप मानसिक रूप से भी तनाव ग्रस्त रहती हैं। इसके बाद भी यदि आप किसी दुराग्रही सोच के कारण अथवा जानबूझ कर अपने गृह-प्रबंध में सीमाओं से अधिक व्यय करती हैं, तो आपको यही सुनने को मिलेगा, 'घर में नहीं दाने, अम्मा चली भुनाने।'

अकसर महिलाओं की आपस की बातचीत का विषय महंगाई और खर्चों की पूर्ति न हो पाना ही होता है। वे आलू, प्याज, टमाटरों की कीमतों को कोसती रहती हैं, जबकि सुघड़, कुशल गृहिणी अपनी निश्चित आय में ही न केवल परिवार के सभी सदस्यों की न्यूनतम आवश्यकताओं को सरलता से पूरा कर लेती हैं, बल्कि भविष्य के लिए भी कुछ बचा लेती हैं।

मितव्ययी होना एक ऐसी सोच है, जिसके आधार पर गृहिणी परिवार के सभी सदस्यों की इच्छाएं पूरी कर लेती हैं। गृह-सज्जा पर होने वाले व्ययों को ही लें, तो यह आवश्यक नहीं कि आप अपनी बैठक अथवा बरामदे में बड़ी-बड़ी पेंटिंग, महंगे 'तेल चित्र' ही रखें। बड़े-बड़े कांच के झाड़-फानूस लगवाएं। फूल प्रकृति के सुंदर उपहार हैं। आप अपनी बैठक को फूलों से भी सजा सकती हैं। इस प्रकार की सजावट जहां आपकी सुरुचि का परिचय देगी, वहीं आप सज्जा पर होने वाले व्यय में भी काफ़ी बचत कर सकेंगी।

फूलों को यदि आप कमरे के परदों के रंग जैसे ही सजाएं, तो आपकी सजावट और भी मुखरित हो उठेगी। गर्मी के मौसम में सफ़ेद अथवा हलके रंगों के फूल सजाएं, सर्दियों में गहरे लाल गुलाब अथवा अन्य गहरे रंगों के फूल बैठक में सजाएं।

सजावट के साथ-साथ आप अपने सौंदर्य प्रसाधनों पर होने वाले समय और भारी भरकम खर्चों में बचत कर सकती हैं। विभिन्न प्रकार के रंगों अथवा शेड से मिलती-जुलती महंगी लिपिस्टक, नेल पालिश और फाउंडेशन खरीदकर आप कौन-सी बुद्धि का परिचय देती हैं। सुंदर, आकर्षक पैकिंग, विज्ञापनों के चक्कर में आकर नई-नई शीशियां खरीदना, विभिन्न सुगंध वाली सौंदर्य सामग्री खरीदना आपके बजट पर अतिरिक्त बोझ के सिवाय कुछ नहीं साबित होगा। इन सब बातों से बचने के लिए कोई उचित, स्वाभाविक और प्राकृतिक रंग वाली नेल पॉलिश, लिपिस्टिक, फाउंडेशन खरीदें। इससे न केवल आपकी बचत होगी, बल्कि अनावश्यक रूप से खरीद से भी बचेंगी। कुछ गृहिणियां तो केवल अपना समय व्यतीत करने के लिए शापिंग करती हैं। शापिंग उनके लिए

अहम् संतुष्टि का एक व्यवहार है। वे आवश्यक-अनावश्यक वस्तुएं खरीदकर दुकानदार पर अपनी संपन्नता का प्रदर्शन करती हैं। इस प्रकार की खरीद घर को 'स्टोर रूम' बनाती है। भरी-भरी सी बैठक, दीवारों पर लगी विभिन्न प्रकार की फोटो, फ्रेम, पोस्टर पेंटिंग उसे एक अच्छा खासा 'हेयर सैलून' बना देती है।

खाने-पीने की वस्तुओं में भी आप मितव्ययिता की सोच पालें। अपनी संपन्नता का प्रदर्शन करने वाली मिसेज शालिनी बड़ी लापरवाही से बोलीं, "बस इतनी सी दाल...। इतनी दाल तो सुबह हमें काम वाली को देनी पड़ती है...। इतनी सी सब्जी...। इतनी सब्जी तो बच्चे थाली में जूठन छोड़ देते हैं...।"

मेरे पास उनकी इन बातों का कोई सटीक उत्तर न था, लेकिन मेरी चुप्पी से ही उनकी बात का उन्हें उत्तर मिल गया था। शीघ्र ही उन्हें इस बात का अहसास हुआ कि उनकी इस प्रकार की बात फूहड़ता का परिचायक थी।

खाना, सब्जी, चाय, नाश्ता आदि आवश्यकता से अधिक बनाना और फिर उसे बाहर फेंकना अथवा जूठा छोड़ना सीधा-सीधा अपव्यय है। परिवार की आवश्यकता के अनुसार खाना बनाएं, छोटे-से-छोटा कुकर ले लें, फ्राइंग पेन, नान स्ट्रिक ले लें। इससे जहां खाद्य वस्तुओं में बचत होगी, वहीं आप ईंधन, सफ़ाई, समय आदि की भी बचत कर मितव्ययिता का परिचय देंगी।

यह तो आप जानती ही हैं कि बूंद-बूंद से घड़ा भर जाता है। बेमौसम की बेस्वाद तथा महंगी सब्जियां चार रुपये का एक नीबू, बीस रुपये का सौ ग्राम धनिया खरीदकर आप परिवार को क्या बनाना चाहती हैं? आशय यह है कि इस प्रकार की बेमौसमी व महंगी सब्जी न खरीदें। महानगरों में गृहिणियां बे-मौसम की महंगी सब्जियां ख़रीदकर अपना 'सोशल स्टेटस' बढ़ाना चाहती हैं। दो सौ रुपये की सब्जी। खरीदकर आप न केवल अपने भ्रम को बनाए रखना चाहती हैं, बल्कि नासमझी का काम भी करती हैं। इस प्रकार की सोच से आपका कोई भला न होगा। हां, यह अवश्य होगा कि आपके पीठ पीछे ही आपकी पड़ोसिन यह कहेंगी, 'मिसेज मल्होत्रा का तो दिमाग खराब हो गया है, लेकिन क्या करें...नम्बर दो की कमाई घर में आ रही है...कहीं-न-कहीं तो ठिकाने लगेगी ही, वह चाहें, तो बीस रुपये का एक नीबू भी खरीद सकती हैं... ।'

इस संबंध में सबसे पहले हमें अपना आचरण और सोच व्यावहारिक बनानी चाहिए। हमें केवल आवश्यक वस्तुएं ही खरीदनी चाहिए। शापिंग के चक्कर में अथवा सेल के आकर्षण में आकर, नई-नई आकर्षक पैकिंग के चक्कर में कभी कोई चीज नहीं खरीदनी चाहिए। थोक में सस्ता मिलेगा की सोच गृहिणी के मन में नहीं आनी चाहिए। सस्ते के चक्कर में कुछ गृहिणियां 'स्टोर' कर लेती हैं। इस विषय में आप सोचें कि आप किन-किन वस्तुओं का स्टोर करेंगी? व्यापारी वर्ग भी गृहिणियों की इस सोच का लाभ उठाता है और सस्ते की बात कह कर कई प्रकार के प्रलोभन देकर अपनी वस्तुएं बेचता है। जबकि इन सब बातों का लाभ गृहिणी को नहीं मिलता।

अपनी पूरी खरीदारी एक योजना बद्ध तरीके से करें। केवल पसन्द आने वाली वस्तुएं न खरीदें, बल्कि आवश्यकता वाली वस्तुएं ही खरीदें। जब भी आप शापिंग के लिए जाएं, तो एक सूची बना लें और हमेशा विश्वसनीय दुकानदार से ही वस्तुएं खरीदें।

जिन वस्तुओं का बाजार में अभाव हो, उन्हें न खरीदें। न ही उन्हें 'पीछे की खिड़की' से खरीदने की सोच पालें। इससे जहां आपको उस वस्तु के लिए अधिक पैसा देना पड़ता है, वहीं वह वस्तु भी आपको कम और घटिया मिलती है। दालों के स्थान पर सब्जियां और सब्जी के स्थान पर दाल का उपयोग करने की सोच पालें।

परिवार में उपलब्ध पुरानी और अनुपयोगी वस्तुओं का विवेक से पुनः उपयोग करें। इससे जहां आपके खर्चों में बचत होगी, वहीं अपकी सृजनात्मक प्रतिभा को भी बल मिलेगा। आप अपने समय का भी सदुपयोग कर सकेंगी। बच्चों में भी कुछ इसी प्रकार की आदतें डालें। जूतों पर पालिश करना, परिवार के लोगों का घर पर ही शेव बनाना आदि ऐसे कार्य हैं, जिन पर आप काफ़ी बचत करा सकती हैं।

फास्ट फूड के नाम पर आजकल होटलों में खाने का प्रचलन बढ़ता जा रहा है। चाऊमीन, हॉट डॉग, पिज्ज़ा, वैज बरगर, चिकन बरगर आदि ऐसे खाद्य हैं, जो न केवल स्वास्थ्य पर विपरीत प्रभाव डालते हैं, बल्कि जेब पर भी भारी पड़ते हैं। अतः इनसे बचें।

घर पर ही पौष्टिक एवं स्वादिष्ठ व्यंजन बनाएं। इस के साथ ही आप घर में अचार, चटनी, पापड़, बड़ी, मुरब्बे आदि बनाकर भी काफ़ी बचत कर सकती हैं। बाजार में मिलने वाले पिसे मसाले उतने शुद्ध नहीं होते जितने कि घर के होते हैं। इसलिए सीजन के समय सब मसाले लें। उन्हें घर पर ही साफ़ कर, सुखाकर पीस लें और पैक कर लें। इससे बचत तो होगी ही साथ ही शुद्धता की भी गारन्टी होगी। मितव्ययिता की यह सोच ही आपके पारिवारिक बजट को संतुलित बनाती है।

आशय यह है कि आप अपनी व्यापक व्यावहारिक सोच से जहां अपनी आय को बढ़ा सकती हैं, वहीं अपनी इस आय का भी संतुलित उपयोग कर अधिकतम सुख और संतुष्टि प्राप्त कर सकती हैं। इसलिए मन से यह विचार निकाल दें कि आर्थिक संपन्नता ही सुख का आधार है। आपके आसपास ही ऐसी अनेक गृहिणियां होंगी, जो आर्थिक संपन्नता के बाद भी अनेक प्रकार के अभावों से ग्रसित रहती हैं। इसलिए महंगाई का रोना रोकर अपना समय व्यर्थ न करें, वरना इन विषम पारिवारिक समस्याओं का सामना अपने स्तर पर अपने विवेक से करें।

अपने गृह-प्रबंध को एक नई सोच प्रदान करें—मितव्ययी सोच, बजट बनाकर अपनी क्रय शक्ति का सर्वोत्तम उपयोग करें। बजट बनाने और उसके अनुरूप खर्च करने की सोच विकसित करें। यह सोच जहां आपको सुखी, संपन्न और सुघड़ बनाएगी, वहीं आप दूसरों से भी प्रशंसा प्राप्त कर सकेंगी।

अपनी आय-व्यय का एक आदर्श संतुलित बजट हमेशा अपने मस्तिष्क में बनाकर रखें। पारिवारिक बजट का प्रारूप चाहे जो भी बनाएं, केवल इस बात का ध्यान रखें कि उसमें दैनिक जीवन के सभी खर्चों का समावेश हो जाए और परिवार के सभी सदस्यों की आवश्यकताओं की पूर्ति हो जाए।

आपकी सोच को व्यापक बनाने के लिए एक मध्यवर्गीय परिवार में होने वाले आय-व्यय का उदाहरण यहां प्रस्तुत किया जा रहा है :

पारिवारिक बजट का प्रारूप

आय के विभिन्न स्रोत	व्यय की विभिन्न मदें
1. पति का वेतन	1. मकान किराया, किश्त आदि।
2. पत्नी का वेतन	2. बिजली, पानी, टेलीफोन
3. किराया	3. बच्चों की स्कूली फ़ीस तथा बच्चों का जेब खर्च।
4. ब्याज	4. पति-पत्नी के जेब खर्च।
5. आय के अन्य स्रोत	5. नौकरों पर होने वाला खर्च (चौकीदार, काम वाली, धोबी)।
	6. बस किराया, पेट्रोल आदि।
	7. भोजन, दूध, सब्जी, फलादि।
	8. समाचारपत्र-पत्रिकाएं।
	9. गैस, तेल, साबुन, सौंदर्य-प्रसाधन।
	10. दवाएं।
	11. आकस्मिक खर्चे।
	12. उत्सव, त्योहार, मेहमानादि।
	13. बचत।

इस प्रकार से आप देखें कि महीने के अन्त में बचत होती है अथवा आपको ऋण लेकर अपने खर्चों की पूर्ति करनी पड़ती है। आपका संतुलित पारिवारिक बजट आपकी सुघड़ता और कुशलता का परिचायक है। सुविधा के लिए आपको बता दें कि मध्यवर्गीय परिवारों में 60 प्रतिशत भोजन पर व्यय होता है। संपन्न परिवार में यह व्यय घटता जाता है और निर्धन परिवारों में यह व्यय बढ़ता जाता है।

यदि आप अपने मासिक व्यय का लेखा-जोखा रखती हैं, तो आपका बजट कभी भी ऋणात्मक नहीं होगा।

यह जान लें कि कुछ खर्च वार्षिक होते हैं। मुख्य वार्षिक खर्च ये होते हैं–

1. आयकर।
2. भवन कर, मकान की वार्षिक किश्त।
3. कार, स्कूटर का कर, बीमा पालिसी की किश्त, बस किराया, रेल का पास।
4. आग अथवा दुर्घटना के बीमे की किश्त।
5. लिए हुए ऋणों पर ब्याज़ अदायगी की किश्त।
6. बैंक लॉकर शुल्क।
7. संस्था का सदस्यता शुल्क।
8. बच्चों की फ़ीस, यूनिफार्म, किताबें, स्टेशनरी।
9. उत्सव, त्योहार अथवा वर्षगांठ।
10. मकान की वार्षिक रंगाई-सफ़ाई।
11. मकान, फर्नीचर की टूट-फूट की मरम्मत।
12. कुछ अन्य आकस्मिक व्यय जैसे शादी में जाना, गर्मी में कहीं बाहर जाना आदि।

इन खर्चों को यदि आप अपने मासिक खर्चों में से नहीं कर पातीं, तो ऐसे खर्चों की पूर्ति के लिए अपने मासिक बजट में वार्षिक खर्चों की पूर्ति की कुछ राशि बचाएं और इन खर्चों को पूरा कर अपनी सुघड़ता का परिचय दें।

मासिक खर्चों का हिसाब रखें। इस प्रकार के हिसाब से यह देखें कि किस महीने में सबसे अधिक व्यय होता है और किस महीने में कम व्यय होता है। अपने वार्षिक खर्चों को उस महीने में ही करें, जिसमें मासिक खर्च कम होते हैं।

अपनी सोच कुछ इस प्रकार से बनाएं कि आपके वार्षिक खर्चों की पूर्ति सरलता से हो सके।

प्रायः यह देखने में आता है कि जुलाई में शिक्षा का नया सत्र होने के कारण बच्चों की किताबें-कापियां, बस्ते, फीस, यूनिफार्म आदि पर भारी व्यय होता है, अतः इसकी पूर्ति की व्यवस्था पहले से ही मई-जून में भारी बचत करके सरलता से की जा सकती है।

जैसाकि समाज शास्त्रियों का मत है कि संपन्न परिवारों में भोजन पर व्यय कम होता है, लेकिन आरामदायक आवश्यकताओं पर व्यय अधिक होता है।

उच्च मध्यवर्गीय श्री सूरी का परिवारिक बजट देखकर आप भी अनुमान लगाइए कि यह कितना आदर्श और संतुलित बजट है।

श्रीमती सुदेश सूरी पत्नी डी.के. सूरी का पारिवारिक बजट

नाम	डी.के. सूरी (काल्पनिक)
व्यवसाय	सरकारी नौकरी
आय	20 हजार रुपये मासिक
पत्नी	गृहिणी, बी.ए. पास
परिवार के सदस्यों की संख्या	पांच
मकान	बैंक ऋण से स्वयं का
आवास	आगरा महानगर
बच्चों की शिक्षा	लड़की बी.ए. में पढ़ रही है।
	लड़का बी.ई. कर रहा है।

आय	व्यय की मद	होने वाला व्यय प्रतिशत में	राशि रुपयों में
20 हजार	1. भोजन पर	30 प्रतिशत	6000.00
	2. विद्युत, आवास, फोन, बैंक की किश्त	10 प्रतिशत	2000.00
	3. बच्चों की पढ़ाई उनका जेब खर्च	10 प्रतिशत	2000.00
	4. पति-पत्नी का जेब खर्च, पेट्रोल, क्लब, मनोरंजन, अखबारादि	10 प्रतिशत	2000.00
	5. दूध, फल, सब्जी, उत्सव खर्च	10 प्रतिशत	2000.00
	6. दवाएं, पर्यटन, आकस्मिक व्यय	10 प्रतिशत	2000.00
	7. बचत और आकस्मिक व्यय	20 प्रतिशत	4000.00
योग		100 प्रतिशत	20000.00

आशय यह है कि आप चाहे किसी भी वर्ग की क्यों न हों, आय-व्यय पर दूरदर्शी बनें और भविष्य के लिए इतना बचाकर अवश्य रखें कि आपको किसी विषम परिस्थिति में हीनता अथवा अपमान न सहना पड़े।

यदि आप किसी गांव से संबंधित हैं, तो निश्चय ही आपके यहां गांव से संबंधियों का आना-जाना लगा रहेगा, जो आपके व्यय को प्रभावित करेगा। इसी प्रकार से यदि आप परिवार के 'बड़े हैं' तो आपको अपने सामाजिक और पारिवारिक दायित्वों को भी पूरा करने में कुछ अधिक ही व्यय करना पड़ेगा। अतः अपने बजट में इन सब बातों का प्रावधान रखें। इस प्रकार की सोच आपको कभी भी आर्थिक हीनता से ग्रसित न होने देगी और आप 'आमदनी अठन्नी और खर्चा रुपया' से भी बच सकेंगी।

समृद्धि और प्रगति के लिए संतुलित बजट

आर्थिक नियोजन, गृहिणी की सुघड़ता की परख होता है। घर में आई लक्ष्मी को कुल लक्ष्मी कितने मान-सम्मान से रखती है, यह इस बात का प्रतीक है कि आपका बजट कितना संतुलित है।

पारिवारिक संपन्नता और खुशहाली इस बात से प्रदर्शित नहीं होती कि आप अथवा आपके पति कितना कमाते हैं, बल्कि इस बात से प्रदर्शित होती है कि आप पैसे का कैसे उपयोग करती हैं। हमारे देश में कामगार मजदूरों, कारीगरों,

हस्त-शिल्पियों, कुलियों की दैनिक आमदनी अच्छी होते हुए भी उनके रहन-सहन का स्तर नीचा है। इसका कारण यह है कि वे अपनी आय का संतुलित उपयोग नहीं करते। उनकी आय का एक बड़ा भाग ऋणों के भुगतान, नशे, बीमारी आदि में खर्च होता है। यही कारण है कि इन वर्गों के लोगों की माली हालत हमेशा कमजोर बनी रहती है। ऐसी गृहिणियां चाह कर भी सुघड़ नहीं हो पातीं।

पारिवारिक बजट के लिए अपनी सोच को सुघड़ बनाने में निम्न बातों पर हमेशा ध्यान दें :

- आर्थिक संपन्नता प्रदर्शित करने के लिए आवश्यकता से अधिक सामान न जुटाएं। कुछ महिलाएं केवल शापिंग करने के लिए बाजार जाती हैं। शापिंग की यह आदत उनके घर को गोदाम बना देती है और सामान की अधिकता घर की एक समस्या बन जाती है।
- किसी भी हालत में खर्चों को आमदनी से अधिक न होने दें। जिन महिलाओं की सोच अथवा आदत आमदनी से अधिक खर्चा करना होती है, वे परिवार में कभी भी सुख-समृद्धि नहीं ला पातीं और ऐसे परिवार में हमेशा कलह बना रहता है।
- अपने आर्थिक बजट में आकस्मिक खर्च और मेहमानों पर होने वाले खर्च का प्रावधान अवश्य रखें, भले ही ऐसे खर्च बाद में बचत खाते में चले जाएं।
- मकान बनाना, बेटे-बेटी की शादी की तैयारी, उच्च शिक्षा अथवा व्यवसाय प्रारम्भ करने के लिए पूंजी की व्यवस्था आदि ऐसे खर्च हैं, जिनकी व्यवस्था एक दिन में नहीं होती। इस प्रकार की नियोजन संबंधी सोच पूर्व में ही निर्धारित करें और छोटी-छोटी बचतों द्वारा उनकी व्यवस्था करें।

बजट की सोच से आशय केवल इतना ही है कि 'ते ते पांव पसारिए जेती लाबी सौर...।' साधनों से अधिक किया गया व्यय आपकी पारिवारिक प्रतिष्ठा को दांव पर लगाएगा।

प्रदर्शन और दिखावे से बचें

आधुनिक प्रगतिशील जीवन की सब से बड़ी कमी यह है कि लोग प्रदर्शन और दिखावे की सोच से प्रभावित होकर अपनी समस्याएं बढ़ा रहे हैं। इस विषय में व्यावहारिक सोच अपनाएं।

- दूसरों की देखा-देखी कोई वस्तु न खरीदें।
- प्रदर्शन और दिखावे के कारण भले ही आपको कुछ समय के लिए मानसिक संतुष्टि मिल जाए या आपका अहं भाव संतुष्ट हो जाए, लेकिन इसके दूरगामी परिणाम अच्छे नहीं निकलते और इस सोच के कारण आपको हीनता ही मिलती है। इसलिए अपनी आर्थिक और सामाजिक सीमाएं कभी न नकारें।
- केवल दूसरों को नीचा दिखाने के लिए अथवा सामाजिक प्रतिष्ठा के सामान, साड़ियां आदि न खरीदें। ऋण लेकर घी पीना परिवार के लिए हमेशा घाटे का सौदा रहेगा।
- संपन्नता प्रदर्शित करने के लिए अथवा केवल दूसरों से वाह-वाही लेने के लिए पार्टियों का आयोजन करना, हैसियत से बढ़-चढ़ कर खर्च करना, दहेज लेना-देना आपकी प्रतिष्ठा को कम करेगा। इसी प्रकार से दान, धर्म, परोपकार सब आत्म शुद्धि के व्यवहार हैं, इन पर निरर्थक खर्च न करें।
- दिखावा कर के आप अपनी सामाजिक प्रतिष्ठा घटाते हैं। ऐसी आदत के कारण ही आपको 'घर में नहीं है दाने, अम्मा चली भुनाने' जैसी कर्कश बातें, ताने और व्यंग्य सुनने पड़ सकते हैं। इसलिए संपन्नता को सुघड़ता के तराजू में कभी तौलने की भूल न करें।

मितव्ययी बनें

फिजूलखर्ची से बचना पारिवारिक बजट के ऐसे पक्ष हैं, जो आपकी सुघड़ता को बढ़ाते हैं। इस संबंध में केवल इतना ही ध्यान रखें कि केवल आवश्यक वस्तुएं ही खरीदें और प्रत्येक खरीद नकद ही करें। नकद और उधार में वस्तु के मूल्य में अंतर आ ही जाता है। इसलिए कहते हैं, नौ नकद न तेरह उधार।

- सेल, डिस्काउन्ट, छः के साथ एक फ्री, आसान किश्तों पर जैसी बातों के चक्कर से बचें। वास्तव में ये सब ऐसे प्रलोभन हैं, जो हर प्रकार से उत्पादकों का ही हित करते हैं। उपभोक्ता के हित तो इसी में है कि वे अपनी सारी खरीदारी सोच-समझ कर करें।
- अगर सुविधा और साधन हो, तो कुछ वस्तुएं मौसम पर ही खरीद लें जैसे—खाद्यान्न, धनिया, जीरा, मिर्च, मसाले,

हलदी आदि। क्योंकि ये मौसम पर अपेक्षाकृत सस्ती मिलती हैं, इसलिए ऐसी वस्तुएं खरीदने में आप बचत कर सकती हैं। कौन-सी वस्तु कब खरीदनी चाहिए, इसका ध्यान रखना ही सुघड़ता है।

- मितव्ययिता की शुरुआत रसोई के नमक से करें। आशय यह है कि मितव्ययिता की सोच आपको बचत करने की प्रेरणा देगी और यह सोच ही आपको समृद्धि की पहचान बन जाएगी।

सुघड़ता प्रदर्शित करने के अवसर

सुघड़ता प्रदर्शित करने का कोई भी अवसर हाथ से न जाने दें। इसके लिए आवश्यक है कि आप :

- अपने समय का सर्वोत्तम उपयोग करें। व्यस्त रहने की आदत डालें।
- घर के छोटे-मोटे कामों को तुरन्त निपटाएं। इन कामों को कल पर, इतवार अथवा छुट्टी वाले दिन के लिए रोक कर न रखें। यदि आप इन्हें कल पर टालेंगी, तो ये काम आपके दिल पर एक बोझ बने रहेंगे और आप अनावश्यक रूप से तनाव ग्रस्त बनी रहेंगी।
- घर के पुराने, अनुपयोगी सामान, कपड़े आदि को संभाल-संभाल कर न रखें। इन्हें बेच दें अथवा जरूरतमंद लोगों को दे दें।
- अपने परिचय क्षेत्र को हमेशा हरा-भरा बनाए रखें। अपने परिचितों, सहेलियों, सह-कुटुम्बियों, शुभ चिन्तकों को फोन अथवा पत्र लिखकर उनसे निकटता बनाए रखें अथवा उनके घर जाकर अपनी स्नेहिल भावनाएं व्यक्त करें। इस प्रकार के व्यवहार से जहां दूसरों के अहं की संतुष्टि होती है, वहीं दूसरों के मन में आपके प्रति सद्भावनाएं बनी रहेंगी।
- परिवार के प्रत्येक सदस्य से संपर्क बनाए रखें। पत्र अथवा फोन पर उनकी कुशलता जानें। अपनी कुशलता से उन्हें परिचित कराएं। पारिवारिक जुड़ाव के इस व्यवहार से जहां पति-पत्नी, पुत्र-पुत्री, मां-बाप, भाई-बहन आप से जुड़ेंगे, वहीं आप हमेशा चिन्तामुक्त होकर अपना काम पूरी लगन, निष्ठा और निश्चिंत होकर करेंगी। आपकी कार्यकुशलता बढ़ेगी। आत्मविश्वास बढ़ेगा। संबंधों में सरसता बढ़ेगी।
- केवल मांगने पर ही दूसरों को सलाह दें। अपनी बात को वजनदार बनाएं।
- घरेलू उपकरणों का रख-रखाव बड़े सलीके से करें। इससे जहां उनकी देखभाल अच्छी होती है, वहीं वे बहुत समय तक अच्छी तरह से काम करते हैं। वे चाहे पंखे ही क्यों न हों।
- पहनने-ओढ़ने व बिछाने के कपड़े, परदे, चादरें, पिलो कवर, टेबल क्लाथ आदि का जितना अच्छा रख-रखाव होगा, वे उतने ही अच्छे और सुरक्षित बने रहेंगे।
- हमेशा दूसरों में कुछ गुणों की तलाश करें और जिन गुणों से आप प्रभावित हों, उन्हें स्वीकारने में संकोच न करें। दूसरों से लिए हुए गुण अपनी बुरी आदतों के स्थान पर रखें। अर्थात् बुरी आदतों को छोड़ें, भले ही वह छोटी-से-छोटी आदत ही क्यों न हो।
- पारिवारिक जीवन में धन का सर्वोत्तम उपयोग, इसके माध्यम से अपनों और दूसरों की मदद करना है, अतः आप इसे व्यावहारिक जीवन में अपनाएं। प्रयास करें कि घर में अनैतिक कमाई न आए।
- बजट संबंधी अपनी सोच को अधिक व्यावहारिक बनाने के लिए अपनी डायरी अथवा बैठक में कुछ जानकारी लिखकर अवश्य रखें।
- डाक की दरें, जो वर्तमान में प्रचलित हों, संबंधी चार्ट अथवा जानकारी।
- रेलवे की समय सारणी जहां आपका आना-जाना लगा रहता हो, उन प्रमुख रेलों का समय-चक्र। आने-जाने का समय।

अपने से संबंधित विवरण, जैसे—

1. कार नम्बर,
2. स्कूटर नम्बर,
3. गैस कनेक्शन नम्बर,
4. राशनकार्ड का नम्बर,
5. बिजली का कनेक्शन नम्बर,
6. पानी का मीटर नम्बर,
7. ड्राइविंग लाइसेन्स नम्बर,

8. बीमा पालिसी नम्बर प्रीमियम राशि,
9. ब्लडग्रुप,
10. देय दिनांक,
11. बैंक खाता नम्बर,
12. लॉकर नम्बर (कोड नम्बर चाहे न लिखें) आदि।

इस वर्ष के खुशियों के दिनों का चार्ट

(इस चार्ट में परिवार एवं सहपरिवार में आने वाले सुखद दिन, अवसर, जैसे शादी, वर्षगांठ, मुंडन आदि का विवरण लिखकर रखें)।

	अवसर	तिथि	दिन	समय
1.	....	....	....	....
2.	....	....	....	....
3.	....	....	....	....
4.	....	....	....	....
5.	....	....	....	....
6.	....	....	....	....

आवश्यक फ़ोन नम्बर

परिवार में विभिन्न आकस्मिक घटनाएं हो जाती हैं। ऐसी घटनाओं पर यदि आपको अथवा परिवार के सदस्यों अथवा मुहल्ले के लोगों को समय पर सहायता मिल जाए, तो न केवल उन्हें सुविधा हो जाती है, बल्कि व्यवस्था में भी सुधार आ जाता है। अतः ऐसे स्थानों के टेलीफोन नम्बर अपनी डायरी अथवा चार्ट में लिखकर अपनी बैठक में रखें, ताकि समय पर इन्हें फोन किया जा सके।

इसी प्रकार से कुछ ऐसे फोन नम्बर हो सकते हैं, जहां आपको लगभग प्रतिदिन ही काम पड़ता हो। ऐसे मित्रों, संबंधियों, शुभचिन्तकों के फोन नम्बर भी अलग से नोट कर लें। ये टेलीफोन नम्बर इस प्रकार के हो सकते हैं–

- स्थानीय रिश्तेदारों के फोन नम्बर।
- दफ्तर का फोन नम्बर, जहां आप अथवा आपके पति काम करते हैं।
- पुलिस, रेलवे, अस्पताल, फायर ब्रिग्रेड के नम्बर।
- अपने सम्पर्क के जनरल स्टोर्स के नम्बर जहां से आपका दैनिक उपयोग का सामान आता है।
- इलैक्ट्रिशियन, गैस एजेन्सी तथा केबल आपरेटर का नम्बर।
- ब्यूटी पार्लर का नम्बर, जहां आपको काम पड़ता रहता है।
- फैमिली डॉक्टर तथा स्थानीय कैमिस्ट का नम्बर, जहां से आपको सरलता से दवा मिल सकती है।
- अपने बैंक का फोन नम्बर जहां, आपका लॉकर अथवा खाता है।
- अपने न्यूज एजेन्ट का नम्बर जहां से आपका प्रतिदिन अखबार आता है।

ऐसे लोगों से तुरन्त संपर्क करने के लिए इनके घर और संस्थान, दोनों के नम्बर अपनी डायरी में नोट करें। यदि संभव हो, तो इनके वैकल्पिक नम्बर भी नोट करें।

बधाई तार संदेश

अपने व्यापक, वैचारिक दृष्टिकोण का परिचय देने के लिए अपनों की सफलताओं, उपलब्धियों अथवा शुभ अवसरों पर उन्हें अपनी ओर से बधाई देने में पीछे न रहें। ऐसे किसी भी अवसर को हाथ से न जाने दें। तार विभाग द्वारा ऐसे बधाई संदेश भिजवाने की व्यवस्था की गई है। आप इन बधाई संदेशों और उनके कोड नम्बर को अपनी डायरी में नोट करके रखें अथवा एक चार्ट के रूप में इसे बैठक में लगाएं। वर्तमान में ऐसे 23 संदेश प्रचलित हैं, जो निम्न प्रकार से हैं। अतः आवश्यकता और समय पर इनका उपयोग करें :

1. दीपावली की शुभकामनाएं।
2. ईद मुबारक।
3. विजयादशमी की हार्दिक शुभकामनाएं।
4. नव वर्ष आपको शुभ हो।
5. ईश्वर करे यह शुभ दिन बार-बार आए।
6. पुत्र-जन्म पर हार्दिक बधाई। पुत्री भाग्यवती और चिरायु हो।
7. आपको इस सम्मान पर हार्दिक बधाई।
8. सुखमय और चिरस्थायी वैवाहिक जीवन के लिए हमारी हार्दिक शुभकामनाएं।

9. क्रिसमस की हार्दिक शुभकामनाएं।
10. परीक्षा में सफलता पर हार्दिक शुभकामनाएं।
11. चुनाव में सफलता पर हार्दिक बधाई।
12. आपकी यात्रा आनन्दमय और सकुशल हो।
13. कोटिशः धन्यवाद।
14. बधाई।
15. सप्रेम शुभकामनाएं।
16. नव-दंपती पर परमात्मा की असीम कृपा हो।
17. आप दोनों का दाम्पत्य जीवन सुखी तथा समृद्धशाली हो।
18. स्वतंत्रता दिवस पर मंगल कामनाएं एवं संस्मरण।
19. हार्दिक बधाई, अमर रहे गणतंत्र हमारा।
20. होली की शुभकामनाएं।
21. उत्सव के लिए हार्दिक शुभकामनाएं।
22. बधाई-संदेश के लिए अनेक धन्यवाद।
23. परीक्षा में सफलता के लिए शुभकामनाएं।

त्योहारों को मान्यता दें

हमारे सामाजिक और पारिवारिक जीवन में व्रत, त्योहार, उत्सव, समारोहों का अपना महत्त्व है। ये जीवन सफ़र में एक खुबसूरत मुकाम का काम करते हैं। जिस प्रकार से दिन भर चलने के बाद यात्री थक कर अपनी थकान मिटाने के लिए मुकाम पर पहुंचकर विश्राम करता है, उसी प्रकार से रोज़मर्रा की ज़िंदगी से हटकर ये त्योहार हमें विश्राम देते हैं। आप इन वार्षिक त्योहारों और व्रतों की तालिका ड्राइंग रूम अथवा किचन में लगाएं।

मकर संक्रान्ति, लोहड़ी, वसंत पंचमी, महाशिवरात्रि, होली, रामनवमी, बुद्ध पूर्णिमा, निर्जला एकादशी, गुरु पूर्णिमा, हरियाली तीज, गणेश चतुर्थी, डोल गयारस, रक्षा बंधन, ऋषि पंचमी, मोर छठ, श्रीकृष्ण जन्माष्टमी, विजयादशमी, शरद पूर्णिमा, करवा चौथ, भाईदूज, गंगा दशहरा, गणगौर पूजन, काली पूजा आदि व्रतों और सामाजिक त्योहारों को मान्यता दें और परिवार के लोगों को सहभागी बनाएं। इससे जहां उनमें सामाजिक भावना विकसित होगी, वहीं वे समाज से और लोक संस्कृति से जुड़ेंगे और परिवार के प्रति समर्पित होंगे।

अध्याय 14

बच्चों की समस्याएं तथा समाधान

जब कोई बच्चा आमतौर पर कुछ असामान्य व्यवहार करता है, तो यह असामान्य व्यवहार अभिभावक के लिए चिन्ता का विषय बन जाता है। इस प्रकार के व्यवहार उसे अन्य बच्चों से अलग करते हैं, अलगाव की यह भावना ही उसमें हीन भावना के रूप में विकसित होती है, जो स्वयं एक समस्या है। बच्चा अपनी मित्र मंडली में उपहास का केन्द्र न बने, इसलिए शैशवकाल में ही उसके इन असामान्य व्यवहारों पर 'नज़र' रखनी चाहिए।

बच्चों के असामान्य व्यवहार ही उसकी समस्याएं हैं। ये समस्याएं व्यवहारगत न होकर स्वाभाविक होती हैं, इसलिए यदि प्रारम्भ से ही इन पर थोड़ा-सा ध्यान दिया जाए, तो ये समस्याएं शीघ्र ही हल हो जाती हैं। पूर्ण परिपक्वता पा जाने पर ये समस्याएं आदतों के रूप में विकसित हो जाती हैं, इसलिए इन समस्याओं का समाधान शैशवकाल में ही होना चाहिए।

बच्चों से संबंधित बाल्यावस्था की कुछ प्रमुख समस्याएं निम्न प्रकार हैं–

अंगूठा चूसना (Thumb Sucking)

बच्चा जन्म से ही कोई-न-कोई क्रियाएं करता है। इन क्रियाओं में एक क्रिया मुंह में अंगूठा डालना है, जो बाद में अंगूठा चूसने की आदत बन जाती है। नवजात शिशुओं में यह क्रिया सामान्य रूप से पाई जाती है, अभिभावक अथवा मां भी उसकी इस क्रिया में किसी प्रकार की बाधा नहीं डालते, लेकिन जब यह क्रिया दो-तीन साल का हो जाने के बाद भी बच्चों में पाई जाती है, तो यह असामान्य व्यवहार कहलाती है। छोटे बच्चों के बारे में तो यह समझा जाता है कि बच्चा भूखा है और वह अपनी इस इच्छा का प्रदर्शन मुंह में अंगूठा डालकर करता है। बड़ी आयु वाले बच्चों का मुंह में अंगूठा डालकर चूसना अपमानजनक व्यवहार माना जाता है। कक्षा 8 में पढ़ने वाली लड़की भी जब मौक़ा मिलता है, तो अंगूठा मुंह में डालती देखी गई है। वास्तव में उसे इस बात का आभास ही नहीं होता कि वह कुछ असामान्य व्यवहार कर रही है।

अंगूठा चूसने की आदत से बच्चों में हीन भावना आ जाती है, वह अपने अन्य साथी मित्रों से दूर रहता है और इस प्रकार वह अकेला रह जाता है। उसके मित्र भी कम होते हैं। उसमें सामाजिकता भी कम होती है। उसमें समायोजन की शक्ति भी कम होती है।

अंगूठा चूसने वाले बच्चों पर कुछ शारीरिक प्रभाव भी पड़ते हैं। ऐसे बच्चों के होंठ मोटे हो जाते हैं, दांत कुछ बड़े और बाहर की ओर निकले हुए होते हैं। चूंकि वह अपना अंगूठा चाहे जब मुंह में डालता है, इसलिए उसमें कई बीमारियां जल्दी पनपती हैं। यह भी देखा जाता है कि जो बच्चे अंगूठा चूसने की आदत से ग्रस्त हो जाते हैं, उनके पेट में कीड़े भी हो जाते हैं। इन बच्चों का अंगूठा भी पतला हो जाता है। चिकित्सकों का मानना है कि इससे तालु भी कमजोर हो जाता है।

कारण

बच्चों में भी संवेगात्मक तनाव पाया जाता है, ऐसी अवस्था में वह अंगूठा मुंह में डालता है। जब बच्चे को नींद नहीं

आती, तो वह मुंह में अंगूठा डालकर सरलता से सो जाता है। कुछ चिकित्सकों का मानना है कि यदि बच्चों को मां का दूध पूरा नहीं मिलता या कम मिलता है, तो वह अंगूठा चूसने लगता है। मनोवैज्ञानिक फ्रायड ने इसका संबंध यौन इच्छाओं की पूर्ति से बताया है। बच्चा अपनी यौन इच्छाओं की पूर्ति के लिए अंगूठा चूसता है।

कारण जो भी हो, आखिर यह बच्चों से संबंधित एक ऐसी समस्या है, जिसका समाधान होना ही चाहिए।

समस्या का समाधान

- बच्चों को अंगूठा चूसने के लिए प्रारम्भ से ही हतोत्साहित करना चाहिए। बच्चों को सही समय पर पूरा-पूरा दूध देना चाहिए, ताकि उसे अंगूठा चूसने की इच्छा ही न हो।
- बच्चों को एकांत में खाली न बैठने दें, उन्हें घर के काम में अथवा खेल में इतना व्यस्त रखें कि उसे इसका ख्याल ही मन में न आए।
- बच्चों को प्यार से इस गंदी आदत से छुटकारा दिलाएं, इस आदत के लिए उसे भय दिखाना, डांटना, पीटना समस्या का समाधान नहीं।
- परेशानी के समय (नींद न आने के कारण) यदि बच्चा मुंह में अंगूठा डालता है, तो आप स्वयं उसकी इस परेशानी में साथ रहें, ताकि वह इसके लिए मन में विचार न लाए।

- बच्चों के अंगूठे पर कुनैन की गोली का पतला-सा घोल लगा देना चाहिए, ताकि अंगूठा चूसने पर उसे इसका स्वाद बुरा लगे और वह इस आदत को छोड़ दें।

अभिभावकों को चाहिए कि वह इसे आदत न बनने दें।

बिस्तर गीला करना (Bed Wetting)

बच्चों से संबंधित यह दूसरी बड़ी समस्या है। नवजात शिशु का शौचादि क्रिया पर नियंत्रण नहीं रहता। वह चाहे जब बिस्तर गीला कर देता है। जैसे-जैसे उसकी उम्र बढ़ती है, वह अपनी इस क्रिया पर नियंत्रण करने लग जाता है और वह उचित और निर्धारित स्थान पर ही मूत्र त्याग करता है। सामान्य रूप से 3 वर्ष की अवस्था पाते-पाते बच्चे अपने शौच, मूत्र आदि पर नियंत्रण पा लेते हैं। यदि इसके बाद भी बच्चा असामान्य रूप से मूत्र त्याग करता है, आयु बढ़ने पर भी इस व्यवहार में कोई अन्तर नहीं आता है, तो इसे समस्या माना जाना चाहिए। यह समस्या कई बार काफ़ी बड़ी उम्र हो जाने के बाद भी बनी रहती है।

इस समस्या के शिकार बच्चों में हीन भावना आ जाती है। उन्हें अपने इस कार्य के लिए अपमानित तो होना ही पड़ता है, साथ ही उन्हें गंदगी में रहना भी पड़ता है। उनमें धीरे-धीरे आत्मविश्वास का अभाव होने लगता है।

कारण

इस समस्या का सबसे प्रमुख कारण मां का बच्चे पर ध्यान न देना है। यदि प्रारम्भ से ही बच्चों में इनका 'प्रशिक्षण' दिया जाए, तो वे उचित स्थान पर ही मूत्र त्याग करेंगे। इस समस्या का एक कारण बच्चों का मंद बुद्धि होना भी है। यदि बच्चों का मानसिक और बौद्धिक विकास नहीं होता, तो वे इस समस्या से ग्रस्त हो जाते हैं। सोते समय तरल पदार्थों का सेवन भी इसका एक कारण हो सकता है। यदि बच्चे सोते-सोते कोई भयानक सपना देखते हैं अथवा उनके मन में किसी बात का भय समा जाता है, तो भी वे इस आदत से ग्रस्त हो जाते हैं। कुछ बच्चों में असुरक्षा की भावना होती है, वे अंधेरे में उठना, बैठना, जाना अथवा जागना नहीं चाहते। कभी-कभी किसी शारीरिक दोष के कारण भी यह समस्या बन जाती है।

समाधान

समस्या चाहे जितनी भी कठिन क्यों न हो, समाधान तो होते ही हैं। इस समस्या के समाधान के लिए भी आप कुछ इस प्रकार के उपाय करें :

- बच्चों को मूत्र त्याग करने का उचित प्रशिक्षण दें, ताकि बच्चा निर्धारित स्थान पर ही मूत्र त्याग करे। कुछ माएं बच्चों को अपने पैरों पर कुछ इस प्रकार से बिठाती हैं कि वह समझ जाता है और वह तुरन्त मूत्र त्याग कर लेता है। कुछ इसी प्रकार का प्रशिक्षण आप भी बच्चों को दें।
- जब बच्चा बिस्तर गीला कर ले तो उसका अपमान न करें, न ही उसे बुरा-भला कहकर दूसरों के सामने डांटें। बच्चों के आहार पर विशेष ध्यान दें। रात को सोने से पूर्व उसे अधिक मात्रा में तरल पदार्थ न दें।
- सोने से पूर्व बच्चे को मूत्र त्याग करने के लिए कहें या कराएं। इसी प्रकार से रात को भी आप स्वयं इस बात का प्रयत्न करें कि चार-पांच घंटे बाद एक बार फिर उसे मूत्र त्याग कराएं। इस प्रकार के अभ्यास से वह बिस्तर गीला करने की आदत से बच जाएगा और उसमें आत्म-विश्वास भी बढ़ेगा।
- सोने से पूर्व बच्चों को भूत-प्रेत की कहानियां न सुनाएं और न ही उसके मन में किसी तरह का भय पैदा करें।
- बच्चों के सोने वाले कमरे में अंधेरा न हो, हलका प्रकाश हमेशा होना चाहिए, ताकि यदि बच्चा रात को उठना चाहे, तो उसे भय न लगे। वह स्वयं जाग सके और मां को जगा सके।
- यदि किसी शारीरिक दोष के कारण बच्चा ऐसा करता है, तो किसी योग्य चिकित्सक से सलाह लेनी चाहिए।

नाखून काटना (Nail Biting)

दांतों से अंगुलियों के नाखून काटना बच्चों में पाया जाने वाला एक असामान्य व्यवहार है। कभी-कभी तो बच्चे इन नाखूनों को काटने के इतने अभ्यस्त हो जाते हैं कि वे नाखून पैदा ही नहीं होने देते।

यह एक असामान्य व्यवहार है, देखने में तो यह बुरा लगता ही है, इसके कारण स्वास्थ्य पर भी विपरीत प्रभाव

पड़ता है। कभी-कभी तो इससे बच्चों को संक्रामक रोग भी हो जाते हैं।

यदि कोई बच्चा दोस्तों से उपेक्षित होता है, अथवा अभिभावकों से उपेक्षित होता है, तो उसमें संवेगात्मक तनाव आ जाता है, वह अपने इन संवेगों का प्रदर्शन भी नाखून काटने की क्रिया के रूप में करता है। कभी-कभी बच्चों को कोई काम नहीं होता, तो वे अनजाने में ही इस प्रकार का व्यवहार करने लगते हैं, जो बाद में आदत के रूप में विकसित हो जाता है। वह नाखून कुतरता रहता है। इस प्रकार के तनावों में रहने से बच्चों में नाखून काटने की आदत पड़ जाती है। जो बच्चे स्वभाव से चिड़चिड़े होते हैं, उनमें इस प्रकार की आदत पड़ जाती है। किसी हीनता के कारण, भय के कारण अथवा असुरक्षा के कारण भी इस प्रकार की आदत पड़ जाती है। कभी-कभी बच्चों को कोई काम नहीं होता, तो वे अनजाने में ही इस प्रकार का व्यवहार करने लगते हैं, जो बाद में आदत के रूप में विकसित हो जाता है।

समाधान

चूंकि नाखून काटने की आदत का संबंध मनोवैज्ञानिक संवेगों और तनावों से होता है, इसलिए बच्चों को इन संवेगों से मुक्त रखने के लिए हमेशा तनाव रहित बनाएं। उन्हें पूरा-पूरा स्नेह, संरक्षण और सुरक्षा प्रदान करें, ताकि उनके अंदर इस प्रकार की भावनाएं ही न आएं। इसके लिए निम्न उपाय करें :

- इस आदत को निरंतर हतोत्साहित करें। बच्चों को समझाएं कि यह एक बुरी आदत है। अतः इसे छोड़ दें।
- बच्चों के नाखून बढ़ने न दें। स्वयं उन्हें समय-समय पर अपने हाथों से काटें।
- ऐसे बच्चों को अकेले न रहने दें। उनके साथ स्वयं खेलें। उन्हें बच्चों के साथ खेलने के लिए उत्साहित करें। खाली न बैठने दें। आपने भी सुना होगा कि खाली दिमाग शैतान का घर होता है।
- यदि बच्चा किसी कारण हीन भावना से ग्रसित है, तो उसके अच्छे कार्यों की प्रशंसा करें, ताकि उसके अंदर हीन भावना पैदा ही न हो और वह भयमुक्त रहे।

भय (Fear)

बच्चों के मन में काल्पनिक भय समाया रहता है। भूत-प्रेत के किस्से, राक्षस, डाकू, कुत्ता, बिल्ली, सिपाही, अंधेरी कोठरी में बंद करना आदि बातें बच्चों के मन में अपनी-अपनी कल्पनाओं के अनुसार भय पैदा करती हैं। इस प्रकार के भय से बच्चा दब्बू, हीन, कमजोर, बन जाता है और वह दूसरे लड़कों की तुलना में पिछड़ जाता है। यहां तक कि पढ़ाई और खेल में भी वह अन्य लड़कों की तुलना में पिछड़ जाता है।

भय के अन्य कारणों में एक कारण यह भी है कि यदि मां का स्वभाव भयांकित हो, तो बच्चों पर भी इसका प्रभाव पड़ता है। सुनी-सुनाई कहानियों के डरावने पात्रों की कल्पना करके भी बच्चा भयभीत होता है। यदि बच्चा शारीरिक और मानसिक रूप से कमजोर हो, तो भी भय का उस पर अधिक प्रभाव पड़ता है। यदि बच्चों का मनोबल किसी कारण से कमजोर होता है, उसमें तर्क और विवेक शक्ति का अभाव होता है, तो भयग्रस्त रहता है। इसलिए सुनी-सुनाई बातों पर शीघ्र विश्वास कर लेता है। आर्थिक अभावों और वातावरण का भी प्रभाव भी बच्चे पर पड़ता है।

समाधान

बच्चों को भयमुक्त करने के लिए उन्हें प्रारम्भ से ही यह समझा दें कि भूत, प्रेत, राक्षस नाम की कोई वस्तु इस संसार में नहीं है। इसलिए ये सब काल्पनिक बातें हैं, इनसे डरना नहीं चाहिए।

यदि बच्चा अंधेरे से भय खाता है, तो उसके साथ स्वयं जाएं और उसे बताएं कि देखो, अंधेरे में कोई भी वस्तु अनिष्टकारक नहीं होती। कुत्ता, बिल्ली, सब पालतू जानवर हैं। ऐसी वस्तुओं का भय मन में न समाने दें। इसी प्रकार से स्कूल का भय, सिपाही का डर, चोर का डर आदि सब उसके मन से निकालने की कोशिश करनी चाहिए।

यदि बच्चे के मन में कोई भ्रामक विचार अथवा भय के प्रति कोई भ्रामक धारणा बनी हुई है, तो उसका मजाक न उड़ाएं, बल्कि उसका आत्म विश्वास बढ़ाएं, ताकि वह भय के भ्रम से मुक्त हो सके। बच्चों के सामने भय पैदा करने वाली बातें न करें।

क्रोध (Anger)

क्रोध या गुस्सा करना एक स्वाभाविक क्रिया है। यह प्रत्येक बच्चे में जन्म से ही पाई जाती है। जब किसी बच्चे की कोई

आवश्यकता पूरी नहीं होती, तो वह अपनी इस इच्छा को क्रोध व्यक्त कर प्रकट करता है। कभी-कभी बड़े बच्चे छोटे बच्चों की इच्छाओं के विपरीत आचरण करके उसे क्रोधित कर देते हैं। इस स्वाभाविक व्यवहार को ही जब कोई बच्चा अस्वाभाविक रूप से प्रकट करने लगता है, तब यह व्यवहार समस्या बन जाता है। जोर-जोर से चिल्लाना, अपने आपको पीटना, वस्तुएं उठा-उठाकर फेंकना, बर्तन या क्रोकरी को तोड़ना, परिवार के अन्य सदस्यों से लड़ना, मारना-पीटना, कपड़े बिगाड़ना, गालियां देना आदि सब ऐसे ही व्यवहार हैं, जो समस्या के रूप में प्रकट होते हैं। ऐसे बच्चे परिवार से समायोजन नहीं कर पाते और जीवन-भर परिवार पर अभिशाप बने रहते हैं।

ऐसे बच्चे घर की महंगी वस्तुएं यहां तक कि टी.वी. तक को तोड़ देते हैं और उन्हें अपने इस किए का कोई पश्चात्ताप नहीं होता।

क्रोध करने वाले बच्चों की इच्छाओं की पूर्ति नहीं होती, वह अपनी इच्छाओं की पूर्ति या बात मनवाने के लिए क्रोध का सहारा लेता है। यदि उसके काम में कहीं कोई बाधा आती है, तो वह अपना क्रोध घर वालों पर निकालता है। बच्चों के सामान्य व्यवहार जैसे खेलना, दोस्तों के साथ बाहर घूमने जाना आदि पर कोई रोक अथवा बाधा पैदा की जाती है, तो बच्चा क्रोध करता है। किन्हीं अन्य कारणों से जैसे घर में भेदभाव हो जाना, किसी बच्चे को विशेष स्नेह मिलना अथवा किसी बच्चे पर ज़्यादा प्यार दर्शाना भी दूसरे बच्चे में क्रोध का कारण बनता है। प्रायः सौतेलेपन का व्यवहार भी क्रोध का कारण बनता है। बच्चे की गलतियों की चर्चा जब उसके मित्रों अथवा पड़ोसियों के सामने की जाती है, तो वह क्रोध करने लगता है। यही क्रोध धीरे-धीरे आदत बन जाता है। कमजोर बच्चे भी क्रोध ज़्यादा करते हैं। कहावत है कि कम कुव्वत गुस्सा ज़्यादा।

समाधान

सामान्य रूप से अभिभावकों को ऐसे काम नहीं करने चाहिए जिससे बच्चे क्रोधी हों अथवा उनके क्रोध को प्रोत्साहन मिले। बच्चों द्वारा किए जा रहे कार्यों में अनावश्यक रूप से बाधा उत्पन्न न करें। न ही उन्हें आदर्शों की दुहाई दें। यदि बच्चा दर्पण के सामने खड़ा होकर अपने बाल संवारता है, तो इसमें अस्वाभाविक क्या है ? उसे सजने-संवरने दें। उसके इस व्यवहार पर ताने न कसें। अन्यथा आपके ताने आग में घी का काम करेंगे। बच्चों के साथ आप कुछ ऐसा ही व्यवहार करें :

- बच्चों के क्रियात्मक कार्यों की प्रशंसा करें। आपकी प्रशंसा क्रोध में पानी का काम करेगी।
- परिवार के सब बच्चों के साथ समान व्यवहार करें। उनमें किसी प्रकार का भेदभाव न रखें।
- जब बच्चा क्रोध में हो उसे डांटे, मारें फटकारें नहीं। इससे समस्या और भी गम्भीर हो सकती है।
- बच्चों को हमेशा रचनात्मक कार्यों में व्यस्त रखें। निकम्मा, बुद्धू, कामचोर, झूठा, बेईमान आदि कहकर उन्हें वैसा ही बनने के लिए न छोड़ें।

तुतलाना (Stuttering)

तुतलाना एक समस्या न होकर भाषा दोष अथवा शारीरिक दोष है। फिर भी कुछ अभिभावक ज़्यादा लाड़-प्यार में आकर बच्चों की इस आदत को प्रोत्साहन देते हैं, क्योंकि उन्हें छोटे बच्चों की तुतलाती भाषा अच्छी लगती है। वे इस प्रकार के शब्द सुनकर सुखानुभूति अनुभव करते हैं। बाद में यही तुतलाती भाषा बच्चों के लिए समस्या बन जाती है।

प्रायः उम्र बड़ी हो जाने के बाद भी कई बच्चे घोड़ा को 'घोरा', 'रोटी' को 'ओटी', 'कुत्ता' को 'तुत्ता' आदि कहकर पुकारते हैं अथवा शब्दों को अटक-अटक कर बोलते हैं, 'मैं ज ल ... ल ल दी जाऊंगा।'

समाधान

वास्तव में यह समस्या शारीरिक अथवा भाषा दोष से संबंधित है। अभिभावकों को चाहिए कि वे अति लाड़-प्यार में आकर उनकी इस प्रकार की आदतों को प्रोत्साहन न दें। जहां तक हो, अभ्यास द्वारा इन्हें छुड़ाने का प्रयास करें।

यदि बच्चों में किसी शारीरिक दोष अथवा कमी के कारण इस प्रकार की समस्याएं हैं, तो योग्य चिकित्सक से मिलकर उन्हें दूर किया जा सकता है। वैसे बच्चों को प्रातः बादाम और मिसरी खिलाने से भी इस प्रकार के दोष कम हो जाते हैं।

आप केवल इतना करें कि यदि कोई बच्चा अशुद्ध उच्चारण करता है, तुतलाता है, तो उसका मजाक न उड़ाएं और उसे सही बोलने के लिए अभ्यास कराएं। अभ्यास से इस प्रकार की समस्याओं पर काबू पाया जा सकता है। इसी प्रकार से बाएं हाथ से लिखना भी एक सामान्य दोष है। यद्यपि इसका बच्चे के व्यक्तित्व विकास अथवा प्रतिभा पर कोई विपरीत प्रभाव नहीं पड़ता। फिर भी यह एक दोष तो है ही। यह विशेष बात है कि जो बच्चे बाएं हाथ से लिखते हैं, उनका हस्त लेख बड़ा सुंदर होता है। ऐसी भी मान्यता है कि जो बच्चे बाएं हाथ से लिखते हैं, उनमें तुतलाने का दोष भी पाया जाता है। यह कोई सिद्धांत नहीं है। अपवाद बहुत से हो सकते हैं।

बच्चों की इन समस्याओं को गंभीरता से लेना चाहिए, क्योंकि इनका समाधान करना, कराना आपका ही दायित्व है।

9 789350 576694

Printed by Libri Plureos GmbH in Hamburg,
Germany